수학 원리 탐구의 ABC

초등학교 3&4학년

김민경 · 이효순 · 김은경

KYOWOOSA 敎友社

머리말

수학은 인류가 이 지구에 나타난 이후 함께 생존하며 발전한 역사의 중심에 있다고 해도 과언이 아니다. 수천 년의 시간 속에서 점차 고도로 형식화되고 추상화되어 가는 수학의 발전상은 인류뿐만 아니라 다른 학문에 적지 않은 영향을 주었다. 이렇게 고도로 발전한 수학은 지극히 추상적이고 함축적이어서 수학을 배우는 학습자의 수준에 적합한 교수-학습 환경이 요구된다. 그러므로 고도로 추상적인 학문인 수학을 제대로 이해하기 위해서는, 수학을 처음 접하는 시기에 올바른 방법으로 접근해야 한다. 즉, 수학을 어떻게 만나느냐에 따라 향후 수학에 대한 이해도 및 관심도가 달라진다는 것이다.

우리가 자라면서 받아온 대부분의 수학 교육은 원리를 탐구하고 수학자가 생각했던 과정을 함께 경험하기보다는 수십여 개의 문제를 풀면서 풀이 방식을 외우거나 반복 학습과 암기를 통해 문제의 유형을 익히는 식으로 이루어져 왔다. 물론 반복 연습이 중요하지 않은 것은 아니나 연습 이전에 수학적 경험을 통한 원리 발견과 생활 속 탐구가 학생들에게 얼마나 중요한 과정인지는 여러 선행연구의 결과가 보여주고 있다. 현재 교실 현장에서 이루어지고 있는 수학은 여러 차례의 개정 과정을 통해 많이 개선되었지만, 학생들에게 실제 자신이 속해 있는 생활 속에서 발견할 수 있는 문제와 아이디어를 제공하고 해결하는 기회를 주기에는 더 많은 개선이 절실한 상황이다.

이러한 현실적 상황을 개선하기 위하여 이 책은 학교 현장에서 실질적으로 사용할 수 있는 일상생활 속 체험활동의 아이디어와 그와 관련된 교수자료를 개발, 보급하기 위한 노력의 일환으로 탄생되었다. 예를 들어, 토끼의 번식, 바코드, 주변의 식물들, 박물관, 벌집 등과 같은 일상적인 사물과 주변의 자연 현상을 통해 그 안에 숨겨진 수학적 원리들을 탐구할 수 있는 기회를 제공하도록 하였다. 책에 나와 있는 내 생활 주변의 문제를 해결하면서 수학은 지루한 반복 학습이 아니라 일상생활에서 쉽게 만나고 탐구하며 그 속에 숨겨진 원리를 발견할 수 있는 재미있는 활동이라는 것을 체험할 수 있도록 노력하였다. 누구나 한 번쯤은 화장실에 앉아서 무심코 타일의 무늬와 색깔을 따라 가 본 적이 있을 것이다. 그러나 그 단순한 타일의 무늬 속에도 수학적 원리가 있다는 것을 아는 사람은 몇이나 될까? 그리고 그 원리를 통해 유명한 화가 '에셔'의 그림이 탄생되었다면? 즉, 화장실의 타일과 '에셔'의 그림은 별반 다를 바가 없다는 것이다.

저서의 내용을 하나하나 구성하는 과정에서 교육과정을 충실히 따르면서 학생들에게 재미있는 원리 탐구 학습의 개발이라는 두 가지 문제를 해결하기 위해 다음과 같은 순서로 구성하였다. 우선, Part I. **수학 원리 탐구의 이론적 고찰**에서는 현실적인 수학 교육(Realistic Mathematics Education) 및 수학적 모델링의 이론을 고찰함으로써 수학적 원리 탐구의 중요성과 수학과 수업모형을 논하였다. Part II. **수학 원리 탐구 프로그램의 개발**에서는 전체적인 프로그램의 개요 및 이 책의 활용 방법을 소개하였다. 또한 각 학년에서의 프로그램 구성 개요와 함께 실제를 소개하였다. 1. 탐구 활동의 개요를 통해 단원의 대략적인 내용을 보여주고, 2. 교육과정 분석을 통해 교과서의 어느 영역에 속하는지를 나타내어 현재 교과서의 흐름 속에서 이해할 수 있다. 3. 탐구활동 전개 계획은 학생들이 일상생활에서 직접 경험할 수 있는 것들을 위주로 다양한 활동을 제시하였고, 4. 탐구활동의 실제에서는 실제 교실에서 교사들이 사용할 수 있는 차시별 지도안을 담았다. 마지막으로 Part III. **수학 원리 탐구 프로그램 활동지**는 즉석에서 교사가 복사하여 활용할 수 있도록 흥미로운 원리 탐구 활동을 담아 놓았다.

본 저서는 2008년도 한국과학문화재단의 과학문화활동지원사업 지원을 받아 수행된 연구 결과의 일부임을 밝힌다. 본 저서는 현장에서 바쁘게 뛰고 있는 교사들이 손쉽게 교실에서 원리 탐구 활동을 활용할 수 있을 것으로 기대되며, 교실 속 수학을 주변의 사물과 자연으로 확장시켜 수학을 기초로 하는 창의적 사고를 증진시키는 기회가 되었으면 한다. 이를 위해 출판을 기꺼이 수락하신 교우사 오판근 사장님과 안창웅 부장님 외 모든 분들께 심심한 감사를 드린다.

2009년 12월 24일

저자 일동

차 례

Part I

수학 원리 탐구의 이론적 고찰

21세기 현대 사회는 지식·정보화 사회로 단편적인 지식을 단순히 암기하고 재생하는 학습에서 벗어나 고차원적인 수학적 사고력과 문제 해결 능력 및 창의력 등을 향상시킬 수 있는 학습이 요구된다. 이러한 시대요구에 따라 우리나라 학교수학은 수학적으로 사고하고 의사소통하며, 수학에 대한 관심과 흥미를 가지고, 수학의 가치를 이해하며, 수학에 대한 긍정적 태도를 기르는 것을 목표로 하고 있다(교육과학기술부, 2009). 특히, 초등학교의 경우 구체적 조작 활동과 학습자의 현실 및 흥미의 반영에 기초하여 아동의 발달 단계에 적절한 형태로 수학 학습이 이루어지도록 요구되고 있다.

이에 학생들이 자신의 주변 생활을 관찰함으로써 일상생활에 스며들어 있는 여러 가지 수학적 원리들을 찾아내고, 탐구할 수 있는 초등 수학에서의 수학 원리 탐구 방안을 모색하고자 한다.

Chapter 1 RME (Realistic Mathematics Education)

현실적인 수학 교육(RME)은, 수학을 인간의 활동으로 파악하는 프로이덴탈(Freudenthal, 1973)의 수학관에 그 뿌리를 두고 있는 것으로, 그 핵심 원리는 첫째, 안내된 재발명(guided reinvention)과 점진적 수학화(progressive mathematization), 둘째, 교수학적 현상학(didactical phenomenology), 셋째, 자기-개발 모델(self-developed model)이다. 재발명 원리에 따르면, 수학이 발명되던 과정과 유사한 과정을 학생들이 경험할 수 있도록 그들에게 기회를 주어야만 한다. 이 때, 수학의 역사는 학생들이 이수하는 코스의 설계를 위한 원천으로 사용될 수 있다. 비형식적인 전략은 형식적인 절차를 만들기 위한 유사한 풀이 절차를 수학화하는 것이 바로 재발명 과정을 위한 기회를 제공하는 것이다.

교수학적 현상학에 따르면, 주어진 수학적 토픽이 적용되는 상황이 두 가지 이유에서 탐색되어야만 한다. 첫째는 수업에서 교사가 기대하는 적용이 어떤 종류의 것인지를 분명히 하기 위해, 그리고 둘째는 점진적 수학화의 과정을 위한 충격점(point of impact)으로서의 적절성을 고려하기 위해서이다. 수학이 실제적인 문제를 해결하는 것으로부터 진화되어 왔다고 생각한다면, 오늘날의 수학 수업에서 그러한 진화과정을 야기하는 문제를 찾아야 한다고 생각하는 것이 합리적일 것이다. 그런 다음, 형식적 수학이 상황-특수한(situation-specific) 문제 해결 절차와 여러 가지 상황에 대한 개념을 일반화하고 형식화하는 과정에서 생겨나게 된다고 상상할 수 있다. 이러한 입장에서 보면, 현상학적 탐색의 목표는 상황-특유적인 접근 방법이 일반화될 수 있는 문제 상황을 찾는 것이고, 또 수직적 수학화의 토대로 간주될 수 있는 패러다임적 풀이 절차를 유도하는 상황을 발견하는 것이라 할 수 있다. 이러한 발견은 학습자 스스로에게 발견할 수 있는 경험의 기회가 주어져야 하며 이러한 점에서 체험 학습은 교수학적 효과를 기대할 수 있는 매력적인 교육환경의 제공이라고 할 수 있다.

Chapter 2 수학적 모델링 (Mathematical Modeling)

수학 교육에서 문제 해결력이 강조됨에 따라 학생들의 문제 해결 능력 향상에 관한 연구가 많은 관심을 얻고 있었으며, 이를 위한 여러 가지 방법들이 연구되어 왔다. 최근 들어 이들 중 한 가지로 '수학적 모델링'이 연구되고 있다. 수학적 모델링은 실생활 상황에서의 구조화되지 않은 문제에 수학을 적용하도록 함으로써(Zbiek, 1998) 비구조화된 현실 세계의 문제에 수학을 응용하여 해결하는 것을 말하는데(Galbraith & Clatworthy, 1990), 본 장에서는 김민경·홍지연·김은경(2009)의 연구를 바탕으로 하여 우리나라 초등 수학에서의 수학적 모델링 지도 방안에 대하여 정리하였다.

1) 모델과 수학적 모델

일반적으로 '모델'이란 어떤 대상의 크기를 줄여서 만든 물리적 복제품을 말하는 것으로서, 어떤 복잡한 체계의 행위에 대해 기술하고, 뜻을 이해하며, 설명하거나 예상하는데 사용된다. 모델들은 어떤 구체적 상황에서 특정한 목적을 달성하기 위해 개발되며, 학습과 문제 해결 상황이 처해있는 형태와 관련이 있다(English, 2003; Greeno, 1991; Lesh & Lehrer, 2003). 모델은 요소, 요소 사이의 관계, 요소들이 어떻게 상호작용 하는지를 기술하는 연산, 요소 사이의 관계와 연산에 적용되는 대칭, 교환, 변환과 같은 패턴 및 규칙으로 구성된 체계이며(Lesh & Doerr, 2000), 어떤 다른 유사한 체계의 행위를 묘사하거나 설명하거나 혹은 예측하는 데 사용될 수 있는 요소, 작동, 관계 및 규칙의 체계이다(Doerr & English, 2003).

수학적 모델은 실세계 상황의 측면을 나타내기 위해 선택된 하나 이상의 수학적 실재

(존재)와 그것들 사이의 관계의 조합으로서(Niss, 1989), 어떤 현상에 내재된 특성을 유사하게 가지면서 함수 또는 방정식처럼 수학적 개념을 활용하여 만들어낸 수학적 구조를 말한다(Edward & Hamson, 1989). 이러한 수학적 모델에 대하여 NCTM(2000)은 복잡한 현실 상황에서 구성 요소와 관계를 수학적으로 표현한 것으로 보고, 학생들은 다양한 범주의 실제적인 현상을 해석하고 분석하며 문제를 해결하기 위하여 이러한 수학적 모델을 사용할 수 있다고 언급하고 있다.

2) 수학적 모델링

(1) 초등 수학에서의 수학적 모델링 과정

초등학교 학생을 대상으로 한 여러 가지 수학적 모델링 사례들을 살펴보면, 이들은 중·고등학교 학생을 대상으로 한 사례들의 경우와는 달리 제시되는 문제 상황 및 수학적 사고 및 추론 과정이 중등의 경우에 비해 비교적 덜 복잡하며, 모델링 과정에서도 형식적이고 추상적인 수학적 모델보다는 실세계의 상황들을 단순화하고 형식화·추상화해가는 활동 과정 자체가 강조되고 있음을 볼 수 있다. 이들 연구에서는 공통적으로 문제 상황을 관찰하고, 문제 상황에 적절한 모델을 개발하여 그 모델에서 수학적 결론을 찾아낸 후 개발된 모델과 수학적 결론을 다른 상황에 적용함으로써 또 다른 실생활 문제를 해결해 나가는 큰 흐름을 찾을 수 있는데, 이러한 흐름은 우리나라 초등 수학 교육 현장을 고려함으로써 다음의 〈그림 I-1〉과 같은 수학적 모델링 과정으로 제시될 수 있다(김민경·홍지연·김은경, 2009).

〈그림 I-1〉 초등 수학에서의 수학적 모델링 과정 (김민경·홍지연·김은경, 2009)

〈그림 I-1〉에 제시된 수학적 모델링 과정은 실생활 문제로부터 시작되어 다시 실생활 문제로 되돌아오는 순환과정으로서, 제시된 수학적 모델링 과정의 각 단계를 구체적으로 살펴보면, 우선 첫 번째 단계인 [실생활 문제] 단계는 **준비활동**을 하는 단계로서 현실 생활의 문제가 제시됨으로써 학생들로 하여금 실생활 문제 상황에 노출되도록 하여 문제 상황에 직면하도록 하는 단계이다.

[모델] 단계인 두 번째 단계는 **모델유도활동**을 하게 되는 단계로서 이 단계에서 학생들은 제시된 현실의 문제 상황을 자세히 관찰함으로써 문제 상황을 이해하는 동시에, 문제 상황을 단순화함으로써 자신들이 해결해야 할 문제 상황에 적절한 모델을 유도하고 개발하게 된다.

세 번째 [수학적 결론] 단계는 **모델탐색활동**을 하는 단계로서 학생들로 하여금 자신들이 이전 단계에서 유도하고 개발했던 모델을 탐색하여 형식화하고 추상화함으로써 수학적 결론을 이끌어내도록 한다.

네 번째 단계인 [모델 적용] 단계는 **모델적용활동**을 하는 단계로서 이 단계에서 학생들은 앞선 단계에서 얻어진 수학적 결론을 해석·분석함으로써 유사한 상황에 자신들의 모델과 모델에 포함된 수학적 결론을 적용하게 되며, 나아가 자신들이 개발했던 모델들을 응용함으로써 여러 가지 모델들을 새로운 실생활 문제 상황에 재활용·일반화하게 된다.

이처럼 학생들은 [실생활 문제]–[모델]–[수학적 결론]–[모델 적용]의 과정을 거치는 동안 준비활동과 모델유도활동, 모델탐색활동, 모델적용활동을 함으로써 현실 상황의 문제에 포함된 수학적 개념이나 원리·법칙을 모델을 통하여 발견하고, 이를 다시 다른 문제 상황에 적용함으로써 하나의 문제를 해결하게 된다.

(2) 수학적 모델링의 수업 적용 절차

위와 같은 수학적 모델링의 과정을 초등 수학 수업과 관련지어 수학적 모델링의 수업 적용 절차를 생각해볼 수 있는데 이를 구체적으로 살펴보면, 다음의 〈그림 I-2〉와 같다.

〈수학적 모델링 과정〉	〈교수·학습 활동 내용〉	〈수업 전개〉
실생활 문제	준비활동 학급 전체 토의	문제 제시
↓	↓	↓
모델	모델유도활동 소그룹 활동	문제의 관찰, 이해, 단순화를 통한 모델 형성
↓	↓	↓
수학적 결론	모델탐색활동 프리젠테이션	모델의 형식화, 추상화 를 통한 수학적 결론 도출
↓	↓	↓
모델 적용	모델적용활동 학급 전체 토의	수학적 결론의 해석, 분석 및 모델 응용

〈그림 I-2〉 수학적 모델링의 수업 적용 절차 (김민경·홍지연·김은경, 2009)

초등 수학 교육 현장에서 수학적 모델링의 적용을 생각해보면, 초등 수학 수업에서는 우선 수학적 모델링의 첫 번째 단계에서 준비활동으로 **학급 전체 토의**를 할 수 있는데, 이 때 실생활 문제가 제시되고, 제시된 문제를 학급 전체가 공유함으로써 학생들은 해결해야 할 문제 상황을 접하고 문제 상황에 직면하게 되며, 학급 전체가 토의를 통하여 문제 상황 전반에 대하여 학급 전체가 이야기를 나누면서 문제 상황에 나타난 정보들을 파악하게 된다. 이후 두 번째 단계에서는 학생들이 **소그룹 활동**을 통해 문제 상황을 관찰하고, 문제를 자세하고 구체적으로 이해하며, 문제 상황을 단순화함으로써 주어진 문제 해결에 적합한 모델을 개발·형성하는 모델유도활동을 하게 된다.

학생들에 의해 모델이 형성된 후, 수학적 모델링의 세 번째 단계에서 학생들은 개발된 모델에 대한 **프리젠테이션**을 통하여 모델을 탐색하고 그것을 추상화·형식화함으로써 수학적 결론을 도출하는 모델탐색활동을 하게 된다. 이후 마지막 단계에서 학생들은 **학급 전체 토의**를 통하여 모델적용활동을 하게 되는데, 학생들은 이전 단계에서 도출된 수학적 결론을 해석하고 분석하여 새로운 문제 상황에 응용하여 모델을 재활용함으로써 모델 적용 과정을 거치게 된다.

Chapter 3 수학 교육에서 원리 탐구의 역할

수학 교육이 추구하고 있는 궁극적 목표가 단순 지식의 암기 및 재생을 통한 학습보다는 고차원적인 사고력, 추리력 및 창의력을 증진시키는 것으로 변화됨에 따라, 역사적으로 수학의 여러 가지 원리가 발견되어 온 과정, 즉 수학자가 생각했던 과정을 학생들이 경험해 보고, 이러한 수학적 경험을 통하여 수학적 원리를 발견하고 일상생활 속에 담겨진 수학의 원리를 탐구해 보는 활동에 대한 중요성이 점차 부각되고 강조되고 있다.

이러한 시대적 흐름 및 동향에 따라 수학과 교육과정은 학생들이 수학 학습에 활동적으로 참여해야 의미 있는 학습이 이뤄진다고 강조하고 있다. '듣기만 한 것은 잊어버리고, 본 것은 기억되지만, 해 본 것은 이해할 수 있다.' 학생 스스로 자신의 수학적 의미를 구성하는 데에 초석이 되는 활동적인 참여의 중요성을 나타내고 있다. 수학과의 수업 모형은 다양한데 그 중 원리 탐구 수업 모형이 연구의 목적과 가장 밀접한 연관성을 지니고 있다.

원리 탐구 학습은 수학적인 원리, 법칙, 성질, 공식 등의 문장 수준의 학습이다. 이미 알고 있는 학습 내용을 바탕으로 한 직관적 사고로 결과를 먼저 예상하고 추론 활동을 통한 논리적 사고로 결과를 검증한다. 원리 탐구 수업 모형은 경험활동에서 얻은 정보를 체계화한다고 볼 수 있다. 여기서 교사는 필요한 질문을 던지고 자료의 중요한 부분을 암시적으로 강조함으로써 아동의 개념 형성 과정을 촉진할 수 있다. 교사의 도움을 많이 받기는 해도 원리 탐구 수업의 핵심은 교실의 아동들이 구체적인 자료를 가지고 활동에 적극 참여하여 개념을 형성하는 것이라고 할 수 있다.

본 학습의 성공 여부는 무엇보다 교사의 사전 준비를 통한 계획에 좌우된다고 할 수 있다. 교사는 원리 탐구 학습 활동에 공헌할 수 있는 지도 목표를 마련하여야 하며, 그에 따라 선택된 내용에서 자료를 추출할 수 있어야 한다. 자료는 아동들이 효과를 얻고 일반화하는 기본적 도구이기 때문에 적절한 자료 추출 능력은 매우 중요한 것이다.

원리 탐구 학습의 목표는 첫째, 개념 또는 일반화를 지도하는 지도내용에 대한 목표, 둘째, 아동들에게 관찰하고 추리하는 등의 탐구과정 기술을 습득하도록 하는 목표, 셋째, 아동들에게 수학의 특성을 이해시키는 목표로서 이와 같은 목표는 아동들에게 주어진 자료에서 일정한 형식을 찾기 위하여 분석하고 비교하여 유용한 개념이나 일반화를 유도하는 것으로 과정 훈련과 더불어 개념 형성을 강조하고 있다.

교사는 학습 목표에 대한 충분한 사전 교재 연구와 아동의 활동에 대한 충분한 고려를 통하여 자료를 적절하게 투입함으로써 아동의 일반화에 대한 습득 방법과 특성을 이해할 수 있는 것이다. 이 모형을 적절히 이용하면 수학 원리를 자세히 학습하고 종합 정리하는 능력과 다각적인 문제 해결 능력을 기를 수 있고 사실에 접근하고 법칙성과 원리를 스스로 찾아내는 능력을 기를 수 있다.

Chapter 4 수학과 수업 모형

수학과 교육과정에서는 수학과 교수-학습을 위한 수업모형으로 개념 형성 수업 모형, 원리 탐구 수업 모형, 문제 해결 수업 모형 등이 소개되고 있다(교육과학기술부, 2009).

본 책에서는 탐구 주제별 탐구 활동에 따라 이들 모형들 중 수학과 원리 탐구 학습에 적절한 수업 모형이 선택·적용되었다.

1) 개념 형성 수업 모형

개념이란 다양한 사실이나 현상들을 공통 성질에 따라 범주화한 것이라고 할 수 있다. 스캠프(Skemp, 1989)는 개념을 공통 성질에 대한 상징적 표현으로서 규정하면서 개념을 형성하는 대표적인 조작으로 분류와 추상화를 제안하였다. 분류는 공통 성질에 근거한 다양한 사실들을 수집하는 활동이며, 추상화는 공통 성질을 명확하게 인식하는 활동이다. 따라서 개념을 형성한다는 것은 다루고자 하는 대상들을 분류하고 공통 성질을 추상화하는 정신 작용이라고 할 수 있다.

또한 스캠프는 학생들에게 수학적 개념에 대한 범례를 제시할 때는 주어진 개념의 속성이 포함된 정례(example)와 그렇지 않은 비례(non-example)를 적절하게 혼합하여 제시하는 것이 효과적이라고 주장하였다.

수학과의 개념 형성 모형은 대체로 다음과 같은 절차로 진행할 수 있다(교육과학기술부, 2009).

단계	교수·학습 활동
범례 제시	• 개념의 정의에 필요한 범례(정례와 비례)를 제시한다.
범례 분류하기	• 조작, 관찰 등에 의해 범례를 여러 가지 속성에 따라 분류한다. • 분류된 예들의 공통 성질을 암묵적으로 생각한다.
공통의 성질 추상화하기	• 분류된 예들의 공통된 성질을 명확하게 설명한다. • 분류된 예들의 공통 성질을 추상화한다.
개념 정의하기	• 추상화한 공통 성질을 활용하여 수학적인 용어와 기호로 개념을 정의한다.
개념의 속성 조사하기	• 정의한 개념의 결정적 속성과 비결정적 속성을 조사한다.
개념 익히기	• 개념을 익히고 새로운 상황에 개념을 적용한다.

2) 원리 탐구 수업 모형

수학적 원리의 이해를 위해서는 개념적 지식이 체계적으로 형성되어야 하며, 절차적 지식은 수학적 원리의 이해가 뒷받침될 때에 더욱 의미가 충실한 지식이 된다.

수학과의 원리 탐구 수업 모형은 대체로 다음과 같은 절차로 진행할 수 있다(교육과학기술부, 2009).

단계	교수·학습 활동
새로운 문제 상황 제시	• 새로운 문제 상황을 제시함으로써 학생들의 인지적 갈등 상황을 유도한다.
수학적 원리의 필요성 인식	• 이전에 습득한 지식을 활용하여 문제 해결 방법을 탐색함으로써 일반적인 수학적 원리의 필요성을 인식한다.
수학적 원리가 내재된 조작 활동	• 학습해야 할 수학적 원리가 내재되어 있는 조작 활동을 한다.
수학적 원리의 형식화	• 수학적 원리를 형식화한다.
익히기 및 적용하기	• 형식화한 수학적 원리를 익히고 적용한다.

3) 문제 해결 수업 모형

문제 해결은 문제를 해결하는 과정에서 기초적인 수학적 지식이나 기능을 보다 확실히 이해할 수 있으며, 의사소통 능력, 비판적 사고 능력, 창의적 사고 능력 등과 같은 고등 정신능력을 신장할 수 있다는 데에 그 의미가 있다. 또한 문제 해결을 통해 지식의 단순 암기와 단순 적용, 알고리즘의 반복 연습에서 탈피하여 수학을 진정으로 행하는 활동을 경험할 수 있다.

폴리아(Polya, 1957)는 수학적 문제 해결의 과정을 문제의 이해, 해결 계획의 수립, 해결 계획의 실행, 반성의 네 단계로 나누고 각 단계에서의 효과적인 사고를 위한 발문과 권고를 제시하였다. 이에 수학과의 문제 해결 수업 모형은 폴리아의 문제 해결 단계를 따라 문제 이해 → 해결 계획 세우기 → 해결 계획의 실행 → 반성으로 진행할 수 있다(교육과학기술부, 2009).

단계	교수·학습 활동
문제의 이해	• 문제에서 구하려는 것과 주어진 것, 조건을 확인한다. • 문제에 제시된 수학적 용어의 의미를 파악한다.
해결 계획	• 해결 계획을 수립한다. • 문제에서 주어진 것과 구하려는 것 사이의 관계를 파악한다. • 여러 가지 문제 해결 전략을 생각해본다.
계획 실행	• 수립된 계획을 실행하여 문제를 해결한다.
반성	• 문제 해결 과정을 검토하고 문제 해결 과정과 결과를 논의하여 더 나은 문제 해결 방법을 탐색한다. • 결과를 점검하고, 다른 문제 해결 방법을 찾아본다. • 조건을 변경하여 새로운 문제를 만들어본다.

Part Ⅱ

수학 원리 탐구 프로그램의 개발

Chapter 1 수학 원리 탐구 프로그램의 개요

1 이 책의 활용 방법

수학 원리 탐구의 구성은 각 학년별로 2개 또는 3개의 탐구 주제로 이루어져 있으며, 각 주제별로 1~4개의 탐구 활동이 포함되어 있다. 본 책은 각 주제별로 교육과정 분석이 제시되어 있어 각각의 체험 활동을 지도할 때 교육과정과 연계할 수 있도록 안내하고 있다. 또한 각 탐구 활동의 전개 계획을 제시하여 주제별로 어떠한 활동이 이루어지는지 한 눈에 쉽게 살펴볼 수 있도록 구성하였다.

원리 탐구 수업을 지도할 수 있도록 모든 탐구 활동마다 교사용 지도안과 활동지가 제시되어 있다. 또한 활동지를 쉽게 복사하여 활용할 수 있도록 활동지를 따로 모아 새로운 파트에 제시하고 있다.

교사용 지도안과 활동지에는 각 학년-탐구 주제-탐구 활동 순으로 번호가 매겨져 있어 각 활동과 활동지를 더욱 쉽게 찾을 수 있도록 하였다[예시: 1학년- 2) 하나 둘 셋 (1) 3까지만 셀 수 있는 원시인→ 1-2)-(1)]. 교사용 지도안은 교수학습 모형에 따라 원리 탐구 단계를 나누어 지도할 수 있도록 하였고, '이렇게 지도하세요'란에서 지도 방법을 보다 자세히 안내하였다.

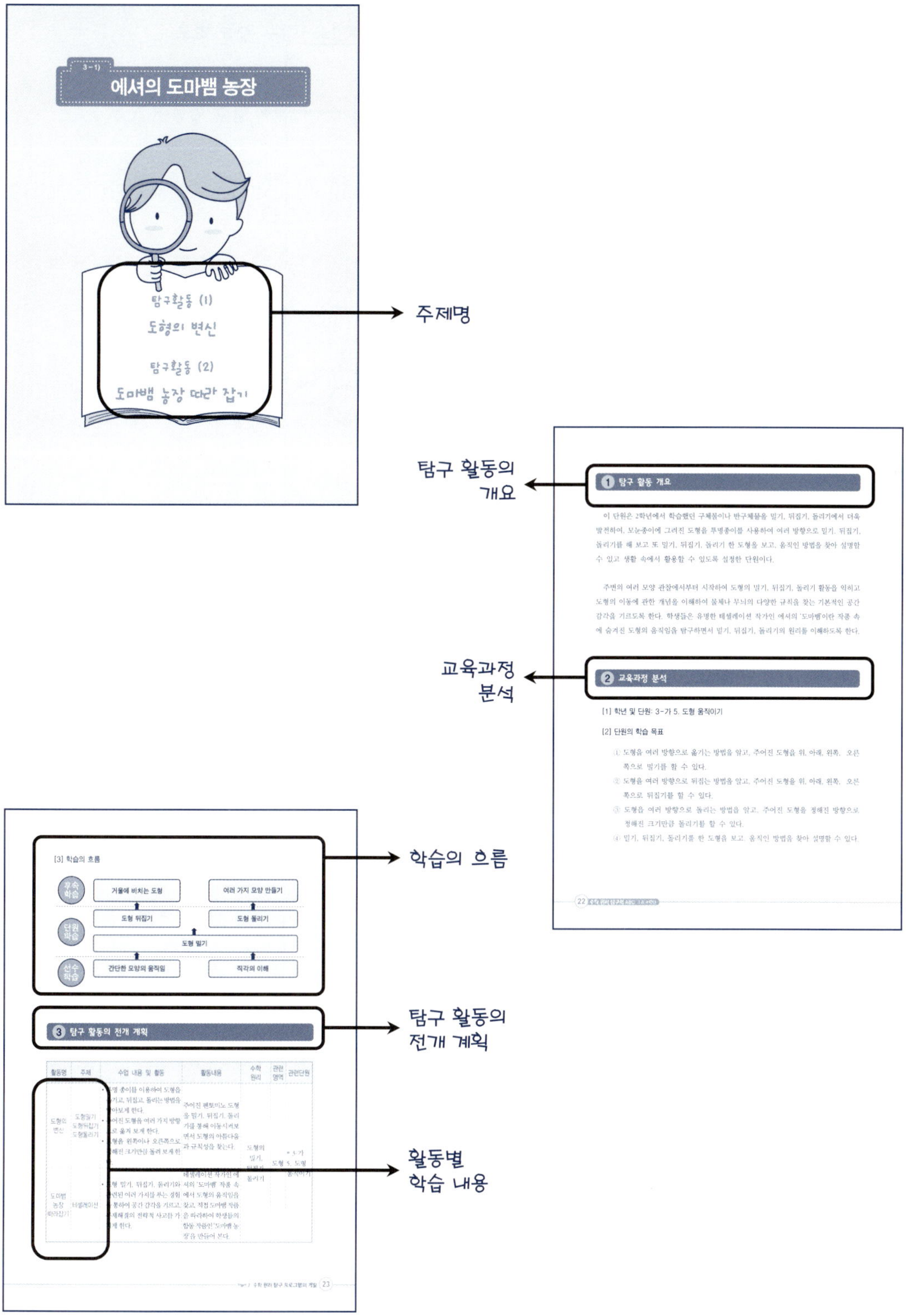

에셔의 도마뱀 농장
탐구활동 (1)
도형의 변신
탐구활동 (2)
도마뱀 농장 따라 잡기
주제명
탐구 활동의 개요
1 탐구 활동 개요
교육과정 분석
2 교육과정 분석
학습의 흐름
[3] 학습의 흐름
거울에 비치는 도형
여러 가지 모양 만들기
도형 뒤집기
도형 돌리기
도형 밀기
간단한 모양의 움직임
직각의 이해
탐구 활동의 전개 계획
3 탐구 활동의 전개 계획
활동별 학습 내용

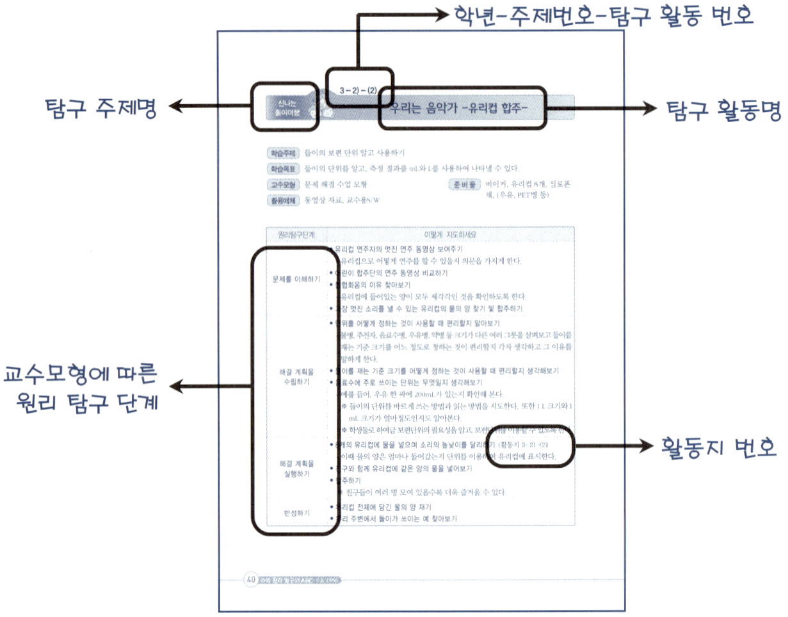

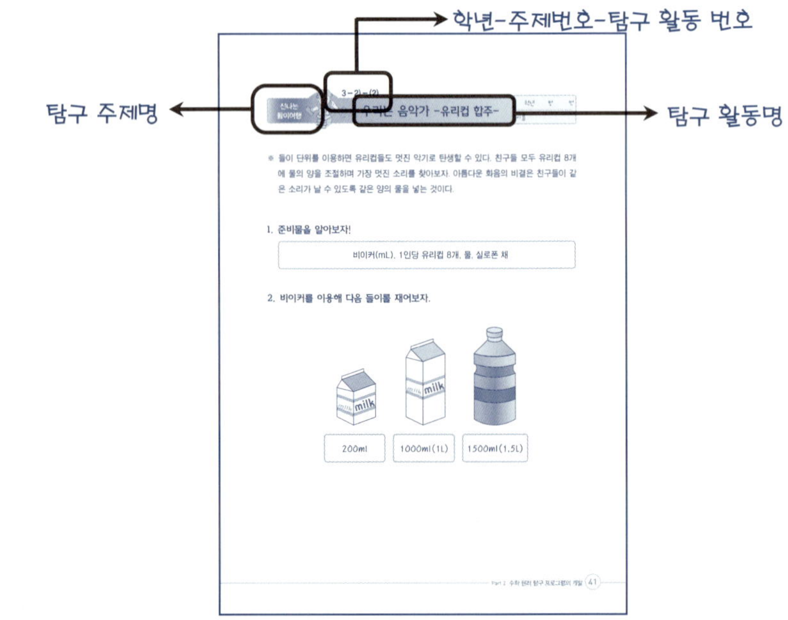

※ 부분 지도시 유의점

☞ 부분 수학적 개념 및 원리

2 3~4학년 수학 원리 탐구 프로그램 구성

<table>
<tr><th>학년</th><th>탐구주제</th><th>탐구활동</th><th>수학 원리</th><th>관련 영역</th></tr>
<tr><td rowspan="6">3</td><td rowspan="2">1)
에셔의 도마뱀 농장</td><td>(1) 도형의 변신</td><td rowspan="2">–도형의 밀기, 뒤집기, 돌리기
–테셀레이션</td><td rowspan="2">도형</td></tr>
<tr><td>(2) 도마뱀 농장 따라 잡기</td></tr>
<tr><td rowspan="2">2)
신나는 들이여행</td><td>(1) 어린왕자의 선택</td><td rowspan="2">–들이와 부피
–들이의 합과 차</td><td rowspan="2">측정</td></tr>
<tr><td>(2) 우리는 음악가 –유리컵합주–</td></tr>
<tr><td rowspan="2">3)
곱셈 탐험하기</td><td>(1) 걸리버의 곱셈 여행기</td><td rowspan="2">–(두 자리수)×(두 자리수)의 곱셈
–곱셈의 규칙성 찾기</td><td rowspan="2">수와연산
규칙성과
문제해결</td></tr>
<tr><td>(2) 아름다운 곱셈의 규칙</td></tr>
<tr><td rowspan="6">4</td><td rowspan="2">1)
꿀벌은 멋진 건축가</td><td>(1) 나는 이름이 필요해</td><td rowspan="2">–다각형과 정다각형</td><td rowspan="2">도형</td></tr>
<tr><td>(2) 정육각형의 비밀</td></tr>
<tr><td rowspan="2">2)
큰 수, 무한도전!</td><td>(1) 열배의 위력</td><td rowspan="2">–십진기수법의 원리 및 자리값
–억, 조의 양적감각</td><td rowspan="2">수와 연산</td></tr>
<tr><td>(2) 억! 소리나게 큰 수</td></tr>
<tr><td rowspan="2">3)
변신의 달인</td><td>(1) 분수야, 놀자!</td><td rowspan="2">–분수와 소수 표현하기
–분수와 소수의 크기 비교하기</td><td rowspan="2">수와 연산</td></tr>
<tr><td>(2) 소수야, 놀자!</td></tr>
</table>

Chapter 2 3학년 수학 원리 탐구 프로그램

1 3학년 프로그램 구성 개요

탐구주제	탐구활동	세부 내용	수학 원리	관련 영역
1) 에셔의 도마뱀 농장	(1) 도형의 변신	• 펜토미노를 이용한 도형의 움직임 원리 탐구 • 도형의 밀기, 뒤집기, 돌리기 • 짝과 함께 펜토미노 움직이기 게임하기	도형의 밀기, 뒤집기, 돌리기	도형
	(2) 도마뱀 농장 따라 잡기	• 테셀레이션의 작품 감상 • 테셀레이션의 원리 탐구 • 에셔의 '도마뱀' 등과 같은 테셀레이션 작품에서 도형의 밀기, 뒤집기, 돌리기의 원리를 발견하기 • 에셔의 작품 '도마뱀' 따라하기		
2) 신나는 들이여행	(1) 어린 왕자의 선택	• 들이의 원리 발견하기 • 들이와 부피의 차이점 탐구하기 • 그릇에 들어가는 물의 양 재어 보고, 들이 비교하기 (직접비교하기, 간접비교하기) • 다양한 그릇들 중에서 가장 많은 양의 물이 들어가는 것을 찾는 활동을 통해 겉으로 보이는 부피와 들이는 다름을 스스로 발견하기	들이와 부피 들이의 합과 차	측정

탐구주제	탐구활동	세부 내용	수학 원리	관련 영역
2) 신나는 들이여행	(2) 우리는 음악가 -유리컵합주-	• 들이의 덧셈과 뺄셈 원리를 발견하여 눈금이 없는 유리컵에 정확한 양의 물을 담아 유리컵 실로폰 만들기	들이와 부피 들이의 합과 차	측정
3) 곱셈 탐험하기	(1) 걸리버의 곱셈 여행기	• 다양한 곱셈 방법 탐구 및 곱셈의 원리 발견하기 • 고대 이집트, 러시아 농부, 인도의 신기한 곱셈 방법 탐구하고 나만의 곱셈 원리 찾기	(두 자리수) × (두 자리수)의 곱셈	수와 연산
	(2) 아름다운 곱셈의 규칙	• 곱셈으로 만들어지는 아름다운 규칙 찾기 • 곱셈으로 만들어지는 신기한 수의 비밀을 찾고 제목을 지어 보기	곱셈의 규칙성 찾기	규칙성과 문제해결

2 3학년 프로그램의 실제

1) 에셔의 도마뱀 농장

3-1)-(1) 도형의 변신

3-1)-(2) 도마뱀 농장 따라 잡기

2) 신나는 들이여행

3-2)-(1) 어린 왕자의 선택

3-2)-(2) 우리는 음악가 -유리컵 합주-

3) 곱셈 탐험하기

3-3)-(1) 걸리버의 곱셈 여행기

3-3)-(2) 아름다운 곱셈의 규칙

3-1)

에셔의 도마뱀 농장

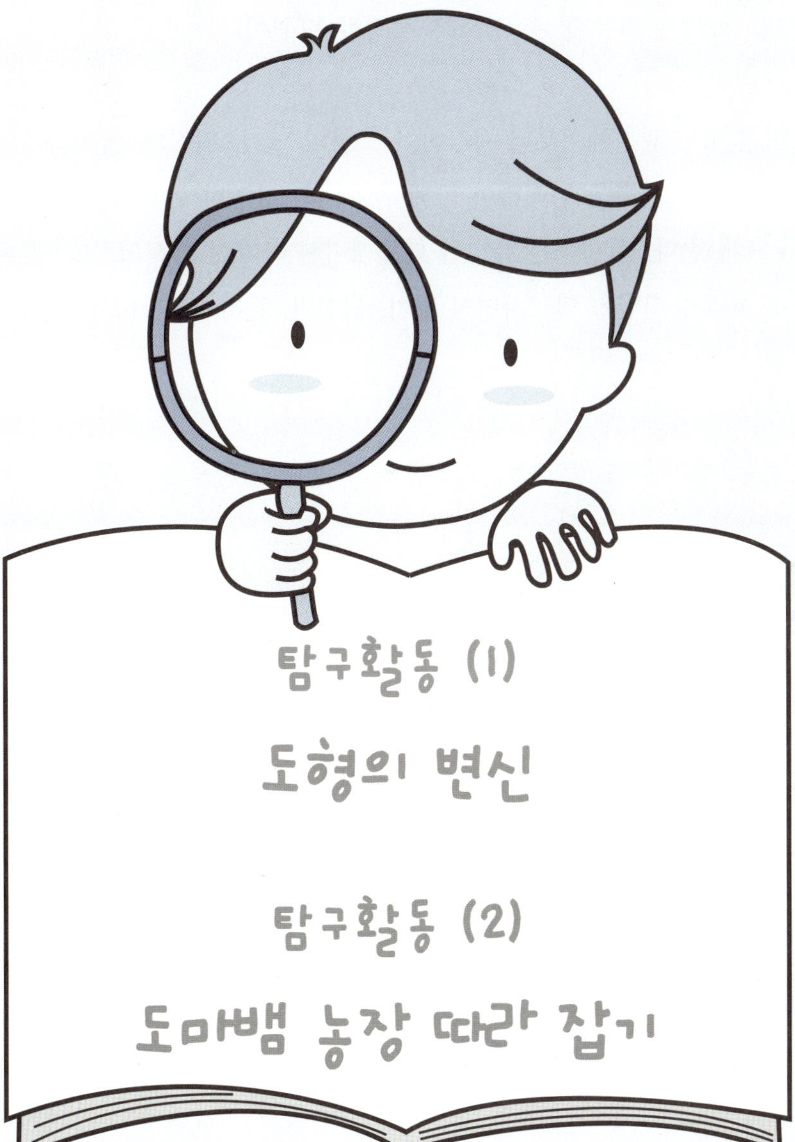

1 탐구 활동 개요

이 단원은 2학년에서 학습했던 구체물이나 반구체물을 밀기, 뒤집기, 돌리기에서 더욱 발전하여, 모눈종이에 그려진 도형을 투명종이를 사용하여 여러 방향으로 밀기, 뒤집기, 돌리기를 해 보고 또 밀기, 뒤집기, 돌리기 한 도형을 보고, 움직인 방법을 찾아 설명할 수 있고 생활 속에서 활용할 수 있도록 설정한 단원이다.

주변의 여러 모양 관찰에서부터 시작하여 도형의 밀기, 뒤집기, 돌리기 활동을 익히고 도형의 이동에 관한 개념을 이해하여 물체나 무늬의 다양한 규칙을 찾는 기본적인 공간 감각을 기르도록 한다. 학생들은 유명한 테셀레이션 작가인 에셔의 '도마뱀'이란 작품 속에 숨겨진 도형의 움직임을 탐구하면서 밀기, 뒤집기, 돌리기의 원리를 이해하도록 한다.

2 교육과정 분석

[1] 학년 및 단원: 3-가 5. 도형 움직이기

[2] 단원의 학습 목표

① 도형을 여러 방향으로 옮기는 방법을 알고, 주어진 도형을 위, 아래, 왼쪽, 오른쪽으로 밀기를 할 수 있다.

② 도형을 여러 방향으로 뒤집는 방법을 알고, 주어진 도형을 위, 아래, 왼쪽, 오른쪽으로 뒤집기를 할 수 있다.

③ 도형을 여러 방향으로 돌리는 방법을 알고, 주어진 도형을 정해진 방향으로 정해진 크기만큼 돌리기를 할 수 있다.

④ 밀기, 뒤집기, 돌리기를 한 도형을 보고, 움직인 방법을 찾아 설명할 수 있다.

[3] 학습의 흐름

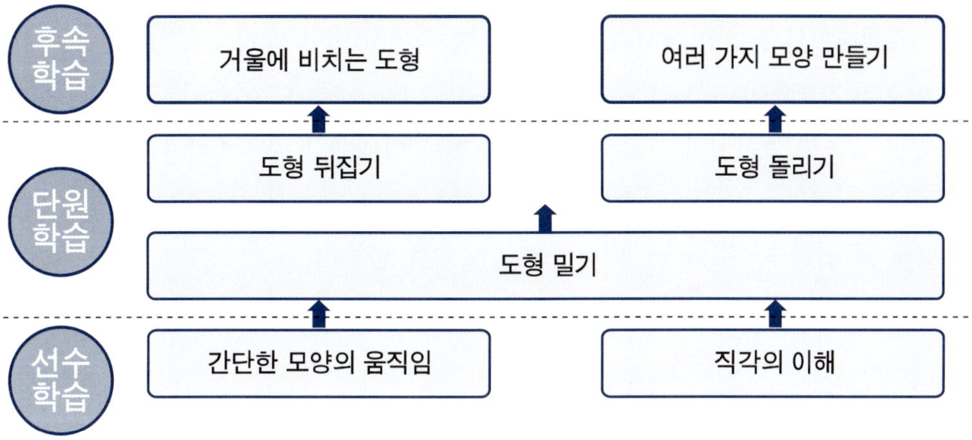

3 탐구 활동의 전개 계획

<table>
<tr><th>활동명</th><th>주제</th><th>수업 내용 및 활동</th><th>활동내용</th><th>수학 원리</th><th>관련 영역</th><th>관련단원</th></tr>
<tr><td>도형의 변신</td><td>도형밀기
도형뒤집기
도형돌리기</td><td>• 투명 종이를 이용하여 도형을 밀고, 뒤집고, 돌리는 방법을 알아보게 한다.
• 주어진 도형을 여러 가지 방향으로 옮겨 보게 한다.
• 도형을 왼쪽이나 오른쪽으로 정해진 크기만큼 돌려 보게 한다.</td><td>주어진 펜토미노 도형을 밀기, 뒤집기, 돌리기를 통해 이동시켜보면서 도형의 아름다움과 규칙성을 찾는다.</td><td rowspan="2">도형의 밀기, 뒤집기, 돌리기</td><td rowspan="2">도형</td><td rowspan="2">* 3-가
5. 도형 움직이기</td></tr>
<tr><td>도마뱀 농장 따라잡기</td><td>테셀레이션</td><td>• 도형 밀기, 뒤집기, 돌리기와 관련된 여러 가지를 푸는 경험을 통하여 공간 감각을 기르고, 문제해결의 전략적 사고를 가지게 한다.</td><td>테셀레이션 작가인 에셔의 '도마뱀' 작품 속에서 도형의 움직임을 찾고, 직접 도마뱀 작품을 따라하여 학생들의 합동 작품인 '도마뱀 농장'을 만들어 본다.</td></tr>
</table>

교육과정을 분석해 보면, 도형의 밀기, 뒤집기, 돌리기를 통해 학생들이 도형의 움직임과 규칙성을 이해하도록 구성하였다. 그런데 단순히 도형을 이동시키는 것에서 벗어나 유명한 테셀레이션 작가인 에셔의 '도마뱀' 작품 속에서 어떤 방법으로 만들어졌는지 탐구하는 활동을 결합하여 도형의 움직임이 아름다운 작품으로도 거듭날 수 있음을 알도록 하는 것이 기존의 교과서와는 다른 점이다. 5학년 단계에서 테셀레이션과 관련된 내용이 나오므로 3학년 단계에서는 자신이 스스로 테셀레이션 작품을 만들기 보다는 기존의 작품이 어떻게 만들어졌는지 탐구하는 것에 초점을 맞춘다.

4 탐구 활동의 실제

3 – 1) – (1)

에셔의 도마뱀 농장

도형의 변신

학습주제 무늬 꾸미기의 원리 알기

학습목표 도형의 밀기, 뒤집기, 돌리기의 원리를 이해할 수 있다.

교수모형 개념 형성 수업 모형

활용매체 단원 도입 사진 자료, 교수용 S/W

준 비 물 펜토미노, OHP필름(투명종이), 모눈종이, 색종이, 가위, 풀

원리탐구단계	이렇게 지도하세요
범례 제시	• 삼각형으로 만든 그림동화 장면 제시하기 - 삼각형이 악어이빨이 되고, 나침반 바늘이 되고, 바람개비가 되는 그림 제시한다. • 삼각형이 변신한 방법을 세 가지로 나눠서, 다른 예시 자료도 함께 분류하기 ※ 삼각형이 그려진 OHP 필름을 이용하여 학생들 앞에서 도형의 움직임 과정을 보여준다. 다양한 도형의 움직임 예를 보여주고, 움직이기 방법에 따라 분류하도록 한다.
범례 분류하기	• 분류한 자료들의 공통점 찾기 - '도형 움직이기'의 세 가지 방법에 따라 나눠진 자료들의 공통점 찾는다. • 삼각형으로 악어이빨, 나침반 바늘, 바람개비가 만들어진 원리와 분류한 자료들의 공통점을 정리하기 - '도형 움직이기'의 세 가지 방법 구체적으로 생각해본다.
공통의 성질 추상화하기	• 도형의 밀기, 뒤집기, 돌리기의 개념 약속하기 - OHP필름을 이용하여 직접 학생들이 도형을 움직여 보면서 도형의 밀기, 뒤집기, 돌리기의 개념을 알도록 한다.

원리탐구단계	이렇게 지도하세요
공통의 성질 추상화하기	• 주어진 도형을 밀기, 뒤집기, 돌리기의 방법을 이용하여 모눈종이에 그리기 ※ 주어진 도형이 밀기와 뒤집기, 돌리기를 통해 어떻게 달라지는지 학생들이 직접 체험할 수 있도록 한다. 도장 찍기, 색칠하기, 카드 돌리기 등 다양한 재료를 준비하여 흥미를 유발한다. • 밀기, 뒤집기, 돌리기를 한 도형을 보고 움직인 방법을 찾기 ▶ **활동지 3-1)-(1)** - 주어진 모양이 어떻게 만들어진 무늬인지 찾아보고 그 방법을 작성하도록 한다. - 펜토미노를 이용하여 직접 조작하며 찾아볼 수 있도록 한다. ※ 학생들이 자유롭게 탐구하여 다양한 답이 나올 수 있도록 격려한다.
개념 도입 및 개념 익히기	• 놀이로 배워요! – 둘이서 한 마음 - 가림판을 가리고 서로 번갈아 가며 펜토미노 도형 움직인다. ※ 교사가 학생들에게 놀이 방법을 미리 안내한다. 놀이방법 1. 두 사람이 같은 펜토미노 도형을 놀이판의 같은 자리에 놓는다. 2. 가림판으로 가려 서로의 놀이판을 볼 수 없게 한다. 3. 한 사람이 밀기, 뒤집기, 돌리기의 방법으로 문제를 내며 펜토미노를 움직인다. 4. 다른 사람의 문제에 따라 펜토미노를 움직인다. 5. 가림판을 치우고 펜토미노가 똑같이 놓였으면 짝의 칸에 ○표 한다. 6. 번갈아 가며 놀이한다.

에셔의 도마뱀 농장

3 – 1) – (1)

도형의 변신

학년 반 번

이름

※ 다음은 어떻게 만들어진 무늬일까?

〈방법〉

강아지 그림을 밀기로 반복하여 무늬를 만들었다.

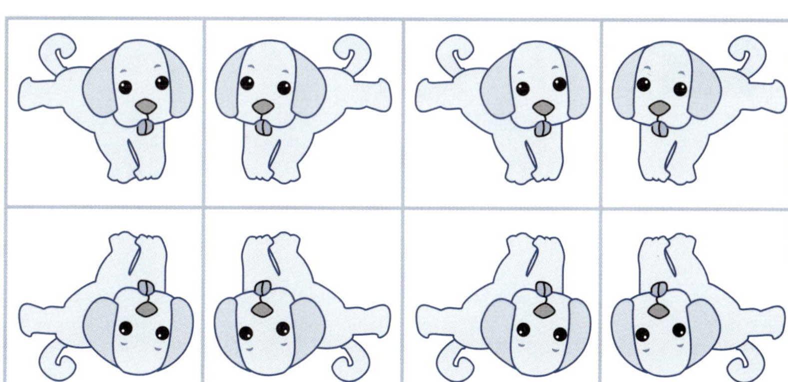

〈방법〉

윗줄은 강아지 그림을 오른쪽으로 뒤집고

아래 줄은 그림을 아래로 뒤집어 무늬를 만들었다.

※ 펜토미노로 무늬를 만들려고 한다. 어떤 무늬가 만들어지는지 알아보자.

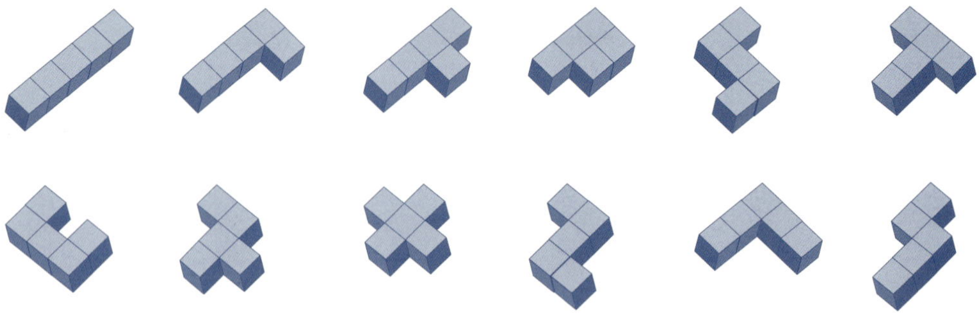

1) 다음 도형을 지시에 따라 이동해 보자.

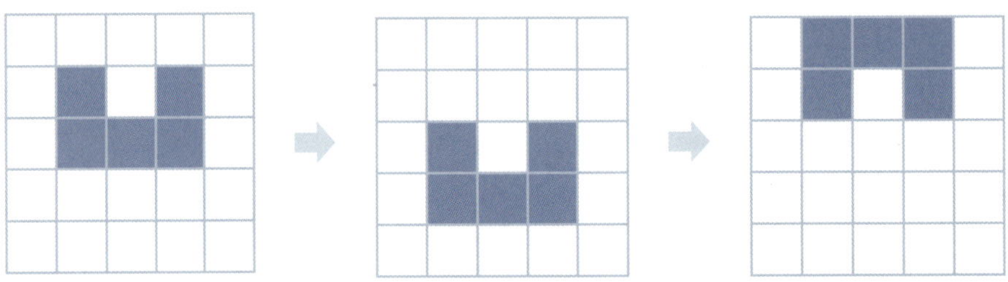

(아래쪽으로 한 칸 밀기) (위쪽으로 뒤집기)

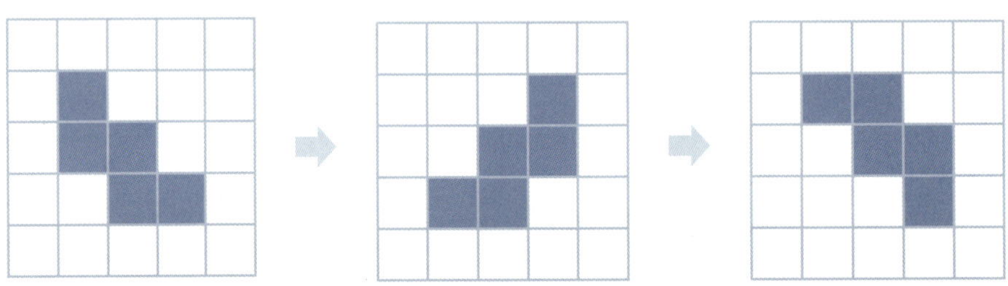

(오른쪽으로 뒤집기) (왼쪽으로 90° 돌리기)

2) 다음은 도형을 어떻게 움직였는지 방법을 생각해 보자.

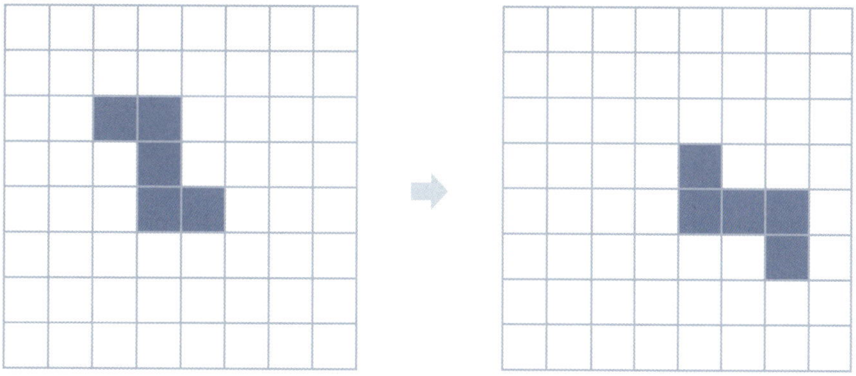

〈방법〉 오른쪽으로 뒤집고, 오른쪽으로 90° 돌리기를 하였다.
그리고 오른쪽으로 한 칸 밀기를 하였다.

※ 펜토미노를 이용하여 '둘이서 한마음' 놀이를 해보자.

★ 놀이 방법 ★

1. 두 사람이 같은 펜토미노 도형을 놀이판의 같은 자리에 놓는다.
2. 가림판으로 가려 서로의 놀이판을 볼 수 없게 한다.
3. 한 사람이 밀기, 뒤집기, 돌리기의 방법으로 문제를 내며 펜토미노를 움직인다.
4. 다른 사람의 문제에 따라 펜토미노를 움직인다.
5. 가림판을 치우고 펜토미노가 똑같이 놓였으면 짝의 칸에 ○표 한다.
6. 번갈아가며 놀이한다.

에셔의 도마뱀 농장

3－1)－(2)

도마뱀 농장 따라 잡기

학습주제 테셀레이션 속에서 도형의 움직임 찾기

학습목표 테셀레이션 작품을 보고 도형의 움직임 원리를 찾을 수 있다.

교수모형 문제 해결 수업 모형

활용매체 테셀레이션 작품들(에셔의 '도마뱀'), 교수용S/W

준 비 물 하드보드지, 에셔의 도마뱀 모형(틀)

원리탐구단계	이렇게 지도하세요
문제의 이해	• 유명한 테셀레이션 작품들 보여주기 - 테셀레이션이란 무엇인가? - 테셀레이션 작품들 중에서 도형의 움직임을 쉽게 찾을 수 있는 것 위주로 보여 주도록 한다. ☞ 테셀레이션(tessellation)이란 마루나 욕실 바닥에 깔려 있는 타일처럼 어떠한 틈이나 포개짐이 없이 평면이나 공간을 도형으로 완벽하게 덮는 것을 말한다. 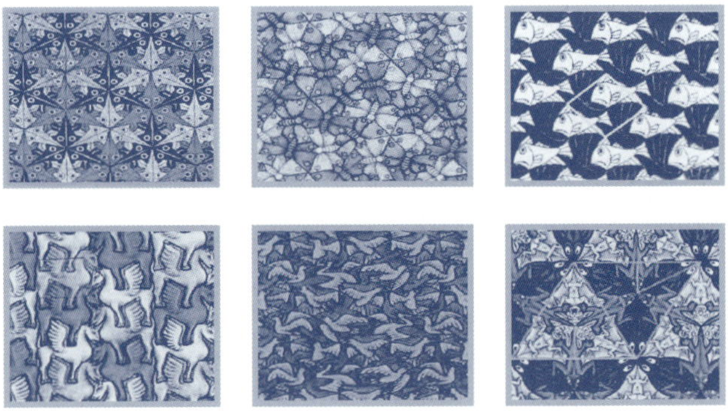 http://ftp.sunet.se/pub/pictures/art/M.C.Escher/00_Index.jpg http://www.worldofescher.com/gallery http://www2.spsu.edu/math/tile/grammar/index.htm • 에셔의 작품 '도마뱀'에서 도형의 움직임 찾아보기 ▶ **활동지 3-1)-(2)** - 에셔의 작품에 나타난 도형의 움직임 규칙을 이야기해본다.

원리탐구단계	이렇게 지도하세요
해결 계획	• 에셔의 '도마뱀'은 어떤 방법으로 도형을 움직여 완성했는지 예상해보기 - 이전 시간에 배웠던 도형의 밀기, 뒤집기, 돌리기를 어떻게 활용하였는지 찾는다. • 투명종이를 이용하여 밀기, 뒤집기, 돌리기를 해 보며 탐구하기 - 에셔의 작품 '도마뱀' 위에 투명종이를 이용해 모양을 따라 그려서 직접 옮기거나 뒤집고 돌려보며 자유롭게 탐구하도록 한다. 투명종이는 하나의 예일 뿐, 학생들이 자유롭게 생각하도록 한다.
계획 실행	• 에셔의 '도마뱀'만들기 - 주어진 정육각형을 변형하여 도마뱀 만든다. ※ 정육각형을 도마뱀으로 만드는 방법을 학생들에게 그림으로 그려 알려준다. 테셀레이션을 창작하는 것보다 기존의 작품을 따라하며 그 속에서 도형의 움직임을 이해하는데 초점을 맞춘다. • 나만의 '도마뱀 농장' 완성하기 - 위에서 만든 도마뱀 틀을 이용하여 여러 개의 도마뱀을 만든다. ※ 자신이 예상한 해결방법을 이용하여 '도마뱀 농장'을 완성하고, 찾은 방법이 맞는지 확인한다.
반성	• 자신의 해결방법을 반성해보기 - 어떤 점이 좋았나? 왜 틀렸을까? 가장 어려워하는 원리는 무엇인가? ※ 자신이 예상하여 해결한 방법을 정답 여부를 떠나 과정이 맞았는지, 활동 중 어렵거나 궁금한 사항은 무엇인지 학생들 스스로 생각하고 반성할 있도록 한다.

에셔의 도마뱀 농장

3 – 1) – (2)

도마뱀 농장 따라잡기

학년 반 번

이름

※ 에셔의 작품 '도마뱀' 속에 담긴 도형의 움직임을 찾고, 함께 '도마뱀 농장'을 만들어 보도록 하자.

1. 에셔의 '도마뱀' 작품을 보고 만든 아래의 작품의 도형 이동 원리를 찾아보자.

2. 하드보드지를 이용하여 '도마뱀 농장'을 만들어 보자.

① 정육각형에 다음과 같이 그림을 그린다.

② 선을 따라 자른 뒤, 다음과 같이 도마뱀 본을 만든다.

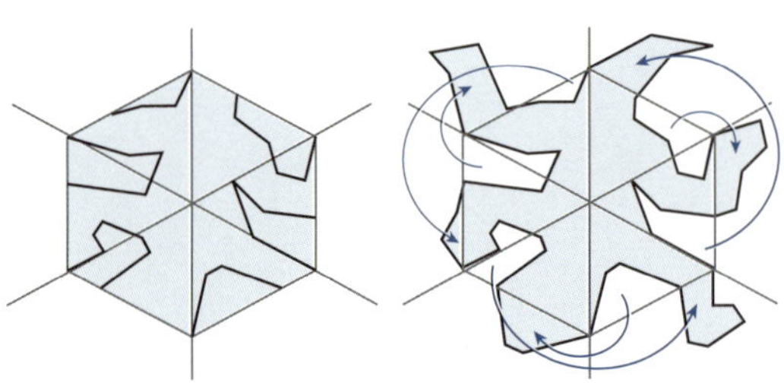

③ 도마뱀 본을 이용해 여러 개의 도마뱀을 만들어 퍼즐처럼 빈 공간없이 연결한다.

3 – 2)

신나는 들이 여행

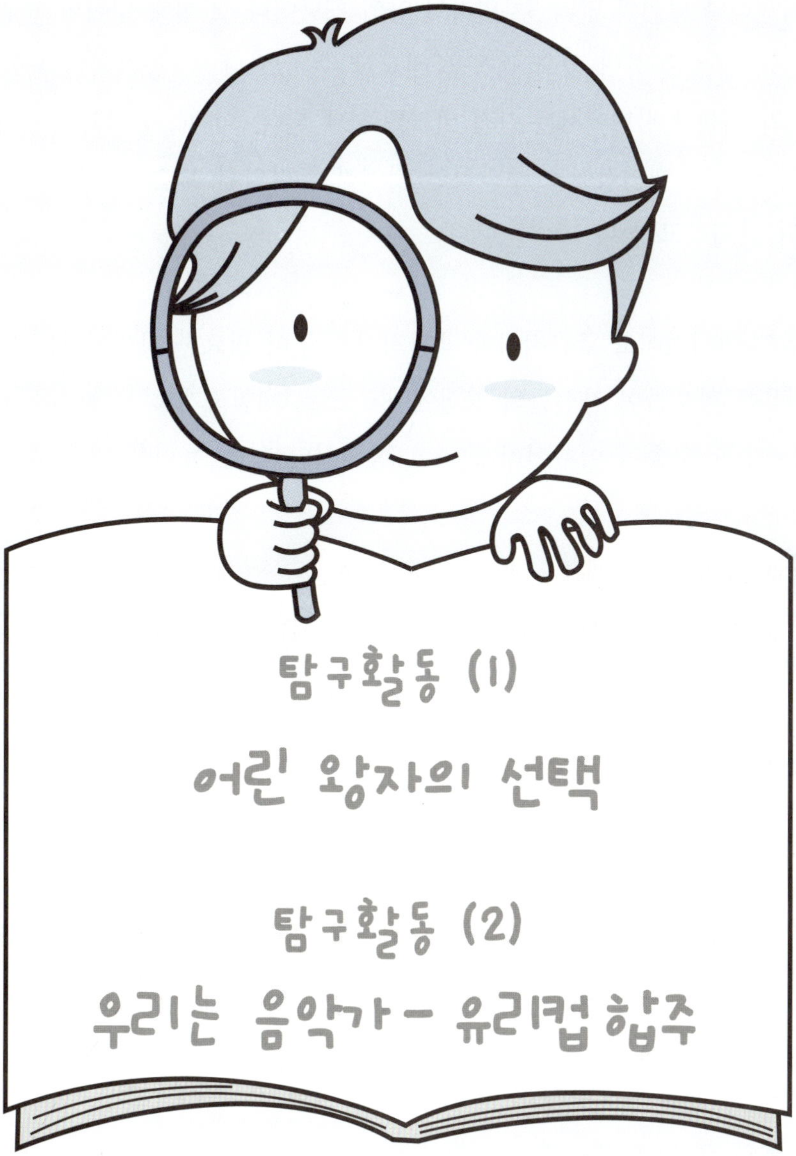

1 탐구 활동 개요

학생들은 책(어린왕자)이나 영화 속 주인공이 되어 직접 문제를 해결해 나가는 세 가지 체험 활동 속에서 '들이'라는 개념을 깨달을 수 있다.

들이는 직선이나 넓이와 달리 3차원적인 양의 개념이다. 길이나 넓이의 경우처럼 들이도 시각적인 관찰을 통하여 많고 적음을 비교할 수 있으나 시·공간적인 제약이 있거나 정도의 차이가 미세한 장면에서는 간접 비교를 하게 된다. 이 때, 동원되는 것이 단위이며 초기 단위의 단위는 개인적이고 주관적인 것이라서 다양한 모습으로 나타나게 되는데, 이것을 임의 단위라고 한다.

임의 단위는 한시적이고 주관적이라 객관적인 기준이 필요한 장면에서는 불편한 것이다. 이런 내용은 학생들이 자신들의 경험에서 스스로 체험하게 하고 발견하게 함으로써 만들어 가는 수학 활동이 이루어지게 하고 창의적인 학습 능력을 기를 수 있다.

2 교육과정 분석

[1] 학년 및 단원: 3-나 5. 들이재기

[2] 단원의 학습 목표

① 들이의 개념을 파악하고, 보편 단위의 필요함을 안다.
② 1L, 1mL 단위를 알고, 그 관계를 파악한다.
③ 들이의 직접 비교나 간접 비교 결과를 말할 수 있다.
④ L와 mL를 사용하여 들이 측정 결과를 말할 수 있다.
⑤ 들이의 덧셈, 뺄셈을 할 수 있다.
⑥ 여러 가지 그릇의 들이를 짐작하고, 재어서 양감을 기른다.

[3] 학습의 흐름

후속 학습

자주 사용되는 그릇 활용하기

↑

단원 학습

들이 어림하기, 들이의 합과 차

↑

들이 단위 1L와 1mL, 1L와 1mL의 관계

↑

여러 그릇의 들이 비교, 측정하기(간접 비교, 임의 단위)

주전자와 물병의 들이 비교하기(직접 비교)

↑

선수 학습

길이 | 복명수 | 측정값의 덧셈 · 뺄셈

3 탐구 활동의 전개 계획

활동명	주제	수업 내용 및 활동	활동내용	수학 원리	관련 영역	관련 단원
어린 왕자의 선택	들이의 개념파악 및 보편단위 필요성 알기, 1L와 1mL알기, 1L와 1mL의 관계 알기	• 주전자와 물병의 들이를 비교한다. • 들이의 보편 단위 필요성을 안다. • 1L와 1mL의 단위를 알게 한다. • 용기를 써서 들이를 측정하게 한다. • 들이를 복명수로 나타낼 수 있게 한다.	다양한 모양의 그릇 중에서 가장 많은 물을 담을 수 있는 그릇을 선택하는 과정에서 들이와 부피의 원리를 알아내는 활동을 한다.	들이와 부피, 들이의 합과 차	측정	* 3-나 5. 들이 재기

활동명	주제	수업 내용 및 활동	활동내용	수학 원리	관련 영역	관련 단원
우리는 음악가 –유리컵 합주–	들이의 어림하기, 들이의 합과 차 구하기	• 생활 용기의 들이를 어림하여 약 몇 L, 약 몇 백 mL 등으로 나타나게 한다. • 1L, 2L, 300mL의 물을 짐작하여 보게 한다. • 측정 활동에서 들이의 합과 차를 구하게 한다.	유리컵에 비이커를 이용해 mL의 단위로 물의 양을 달리하며 멋진 악기를 만들어 가는 활동 속에서 보편 단위의 덧셈과 뺄셈 등을 익힐 수 있는 활동을 한다.	들이와 부피, 들이의 합과 차	측정	* 3-나 5. 들이 재기

교육과정을 분석해 보면, ‘들이재기’는 다른 단원에 비해 ‘측정’ 영역이라 활동 위주의 수업으로 구성되어 있는 것은 사실이다. 하지만 측정 영역의 특성을 고려한다면 학생들의 조작 활동의 비중이 극히 적다. 들이의 원리를 이용하여 보다 적극적으로 체험할 수 있는 다양한 활동이 필요하다. 또한 들이와 부피의 차이를 함께 익히는 것이 필요하다고 생각하여 ‘어린왕자의 선택’에서는 부피가 큰 것이 무조건 들이가 크지 않다는 것을 학생들이 깨달아가면서 들이와 부피의 차이를 발견할 것이다.

3－2)－(1)

신나는 들이여행

어린 왕자의 선택

학습주제 들이와 부피의 개념 파악 및 보편 단위 필요성 알기

학습목표 들이의 개념을 이해하고, 부피와 차이점을 알 수 있다.

교수모형 문제 해결 수업 모형

준 비 물 주전자, 물병, 컵, 보온병 등 다양한 종류의 그릇, 큰 수조

활용매체 단원 도입 사진 자료, 교수용S/W

원리탐구단계	이렇게 지도하세요
문제의 이해	• 어린왕자가 물을 찾아 사막에서 헤매다 오아시스를 발견한 상황 제시 - 어린왕자의 고민이 무엇일지 묻는다. 다양한 그릇 중에서 가장 많이 담을 수 있는 그릇은 무엇일까?
해결 계획	• 두 그릇의 크기를 비교하는 방법 알기 - ① 주전자(물병)에 물을 채워 물병(주전자)에 옮겨본다. - ② 두 그릇의 물을 컵에 따라 보고, 컵 수에 따라 비교한다. ※ ①은 직접 비교, ②는 간접 비교 이므로, ①을 먼저 학습할 수 있도록 진행한다. • 들이의 간접 비교를 통한 보편단위 필요성 알기 - 다양한 임의 단위 준비물 (종이컵, 작은 유리컵, 쥬스병 등) ※ 모둠별로 임의 단위인 컵의 크기를 다르게 한다. 측정 결과를 발표할 때 보편 단위를 사용하지 않았기 때문에 의사소통이 어렵다는 것을 알게 한다. 셀 때 정수로 되지 않는 경우 '좀 더 된다.' '좀 덜 된다.'와 같은 경우는 '약 몇 컵이 된다.' 와 같이 어림수로 표현하게 한다.
계획 실행	• 물병과 주전자의 들이 비교하기 - 전자와 물병 내부를 보여 주고 어느 쪽의 내부 공간이 큰지를 직관적으로 파악하게 한다. 부피와 들이 개념을 도입한다. - 겉으로 보이는 것과 안에 들어가는 양은 차이가 있음을 학생들 스스로 활동을 통해 알 수 있도록 한다. ☞ 이와 같이 그릇에 물과 같은 것을 채울 수 있는 공간 크기를 들이라고 한다.

원리탐구단계	이렇게 지도하세요
계획 실행	• 활동지를 작성하며 다양한 그릇들 중에서 물을 가장 많이 담을 수 있는 것 찾아보기 ▶ **활동지 3-2)-(1)** (그릇 여러 개 준비하기→ 번호 붙이기→ 들이가 큰 것부터 순서 정하기) ※ 교사가 학생들에게 문제를 해결하기 위한 개념을 직접적으로 말해주지 않아 학생들이 체험을 통해 느낀 점을 이야기하며 자연스럽게 '들이'의 개념을 알도록 한다.
반성	• 그릇 물의 양을 비이커 등을 이용하여 비교하며 들이가 큰 순서 확인하기 • 해결 방안의 문제점 생각해보기

신나는 들이여행

3 – 2) – (1)

어린 왕자의 선택

학년 반 번

이름

※ 어린왕자는 사막에서 오아시스를 발견한다. 친구인 여우와 먼 여행을 떠나야 하는 어린왕자는 물을 담아가려고 한다. 한 번에 가장 많은 물을 담을 수 있는 그릇은 무엇일까?

1. 필요한 도구를 정해보자.

종이컵, 물병, 주스병, 보온병, 주전자, PET병, 수조 등

2. 어떤 방법으로 그릇에 들어가는 물의 양을 비교할 수 있을까? 글로 써보고, 그림으로 표현해보자.

1) 그릇에 번호표를 매긴다.

2) 어림하여 그릇에 들어가는 물의 양이 가장 많은 순서대로 나열한다.

3) 물의 양을 직접 비교하거나 종이컵을 이용하여 비교한다.

❶ 직접 비교하기 : 수조 안에 비교하고자 하는 두 그릇 중 하나에 물을 가득 담고, 다른 그릇에 옮겨본다. 이때 물이 넘치는 양을 보고 들이를 비교한다.

❷ 간접 비교하기 : 종이컵을 이용해 각각의 그릇에 얼마나 물이 들어가는지 확인한다. 예를 들어, 그릇 (1)은 종이컵으로 5컵 조금 안 되게 들어갔고, 그릇 (2)는 종이컵으로 5컵 조금 넘게 들어갔다면 그릇 (2)가 그릇 (1)보다 들이가 크다.

3. 가장 많은 양을 담을 수 있는 그릇부터 순서대로 나열해보자.

예) 주전자, PET병, 보온병, 물병, 주스병

신나는 들이여행

3 – 2) – (2)

우리는 음악가 -유리컵 합주-

학습주제 들이의 보편 단위 알고 사용하기

학습목표 들이의 단위를 알고, 측정 결과를 mL와 L를 사용하여 나타낼 수 있다.

교수모형 문제 해결 수업 모형

활용매체 동영상 자료, 교수용S/W

준 비 물 비이커, 유리컵 8개, 실로폰 채, (우유, PET병 등)

원리탐구단계	이렇게 지도하세요
문제를 이해하기	• 유리컵 연주자의 멋진 연주 동영상 보여주기 - 유리컵으로 어떻게 연주를 할 수 있을지 의문을 가지게 한다. • 어린이 합주단의 연주 동영상 비교하기 • 불협화음의 이유 찾아보기 - 유리컵에 들어있는 양이 모두 제각각인 것을 확인하도록 한다. • 가장 멋진 소리를 낼 수 있는 유리컵의 물의 양 찾기 및 합주하기
해결 계획을 수립하기	• 단위를 어떻게 정하는 것이 사용할 때 편리할지 알아보기 - 물병, 주전자, 음료수병, 우유병, 약병 등 크기가 다른 여러 그릇을 살펴보고 들이를 재는 기준 크기를 어느 정도로 정하는 것이 편리할지 각자 생각하고 그 이유를 말하게 한다. • 들이를 재는 기준 크기를 어떻게 정하는 것이 사용할 때 편리할지 생각해보기 • 음료수에 주로 쓰이는 단위는 무엇일지 생각해보기 - 예를 들어, 우유 한 곽에 200mL가 있는지 확인해 본다. ※ 들이의 단위를 바르게 쓰는 방법과 읽는 방법을 지도한다. 또한 1 L 크기와 1mL 크기가 얼마정도인지도 알아본다. ※ 학생들로 하여금 보편단위의 필요성을 알고, 보편단위를 이용할 수 있도록 한다.
해결 계획을 실행하기	• 8개의 유리컵에 물을 넣으며 소리의 높낮이를 달리하기 ▶ **활동지 3-2)-(2)** - 이때 물의 양은 얼마나 들어갔는지 단위를 이용하여 유리컵에 표시한다. • 친구와 함께 유리컵에 같은 양의 물을 넣어보기 • 합주하기 ※ 친구들이 여러 명 모여 있을수록 더욱 즐거울 수 있다.
반성하기	• 유리컵 전체에 담긴 물의 양 재기 • 우리 주변에서 들이가 쓰이는 예 찾아보기

신나는 들이여행

3－2)－(2)

우리는 음악가 -유리컵 합주-

학년 반 번

이름

※ 들이 단위를 이용하면 유리컵들도 멋진 악기로 탄생할 수 있다. 친구들 모두 유리컵 8개에 물의 양을 조절하며 가장 멋진 소리를 찾아보자. 아름다운 화음의 비결은 친구들이 같은 소리가 날 수 있도록 같은 양의 물을 넣는 것이다.

1. 준비물을 알아보자.

비이커(mL), 1인당 유리컵 8개, 물, 실로폰 채

2. 비이커를 이용해 다음 들이를 재어보자.

200ml

1000ml(1L)

1500ml(1.5L)

3. 악기를 모두 완성했으면 8개의 유리컵에 물을 각각 얼마나 넣었는지 알아보자.

첫 번째 유리컵은 비이커를 사용하여 30mL를 담고

두 번째 컵에는 60mL, 세 번째 컵에는 90mL를 담는다.

이런 방법으로 30mL씩 늘려가며 8개의 유리컵에 순서대로 물을 담는다.

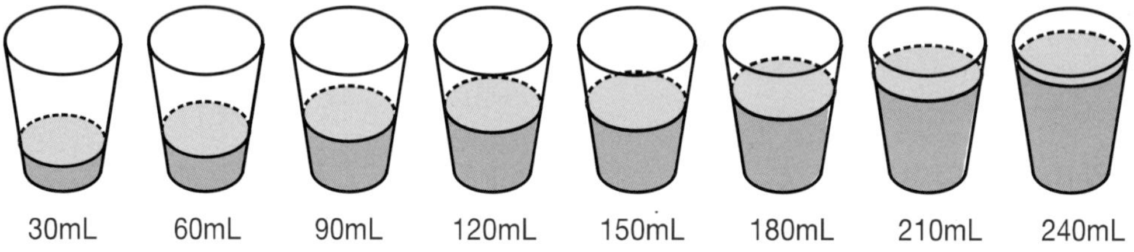

4. 한 사람당 유리컵 연주를 위해 필요한 물의 양은 얼마인가?

30 + 60 + 90 + 120 + 150 + 180 + 210 + 240 = 1080(mL) = 1L 80mL

3-3)

곱셈 탐험하기

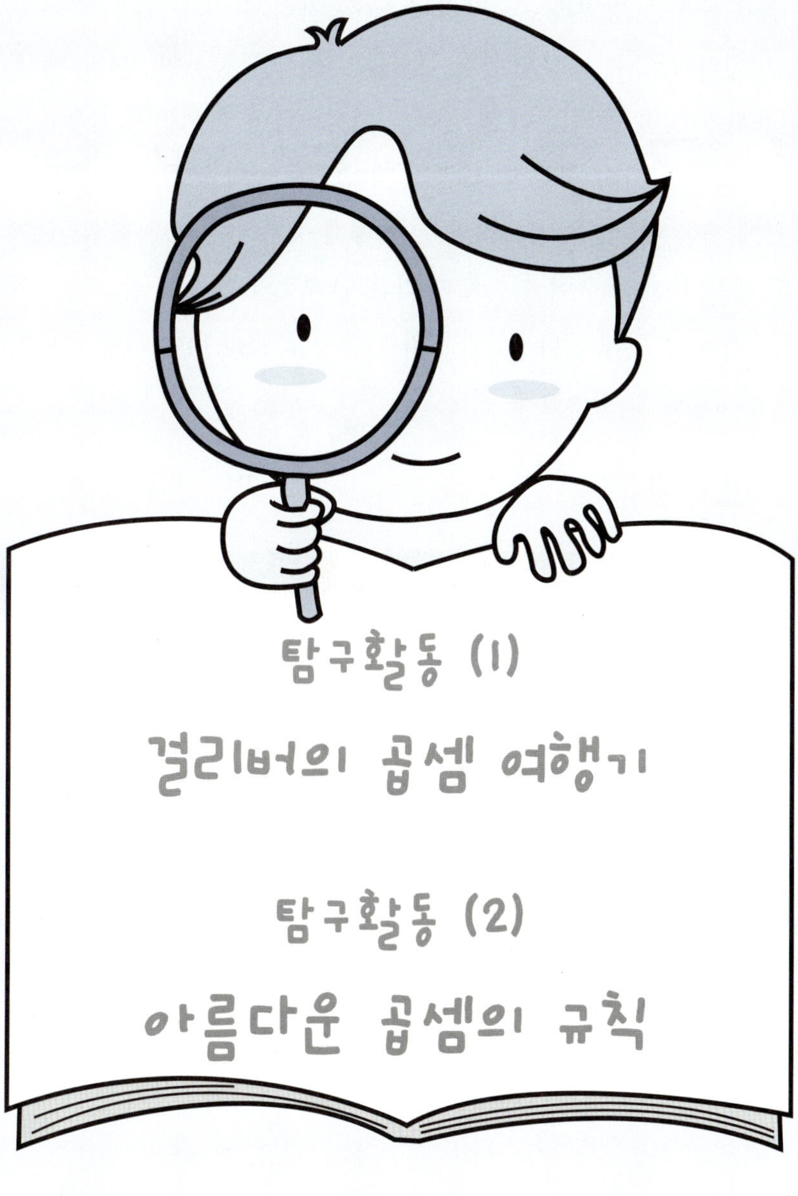

1 탐구 활동 개요

3-가 단계에서 (두 자리 수)×(한 자리 수)의 곱셈 원리를 수 모형을 이용한 구체물의 조작으로 알아보았고, 곱셈이 생활 주변에서 이루어지는 경우를 학습하였다.

3-나 단계인 이 단원에서는 3-가 단계에서 이미 공부한 것을 바탕으로 (세 자리 수)×(한 자리 수)의 곱을 구하는 방법과 (두 자리 수)×(두 자리 수)의 곱을 구하는 곱셈 원리를, 3-가 단계와 마찬가지로 수 모형을 통한 구체물의 조작을 통하여 알아보게 한다. 그리고 구체물을 이용하여 익힌 곱셈의 계산 원리를 형식화하여 학생들이 곱셈을 능숙하게 할 수 있게 한다. 또 지금까지 공부한 곱셈을 재미있는 놀이를 통하여 충분히 계산할 수 있게 하고, 곱에 대한 어림셈을 유도하였다. 이렇게 충분히 공부한 학생들에게 문제 해결력을 높일 수 있는 문제를 풀어 봄으로써 다음 단계로의 학습이 잘 이루어지도록 한다. 이 단원의 학습은 3-나 단계의 나눗셈과 4-가 단계의 곱셈을 위한 선행 학습일 뿐 아니라, 곱셈에 대한 알고리즘을 형성하게 한다.

2 교육과정 분석

[1] 학년 및 단원: 3-나 2. 곱셈

[2] 단원의 학습 목표

① (세 자리 수)× (한 자리 수)의 계산 원리를 알고 형식화하여 곱을 구할 수 있다.

② (두 자리 수)× (두 자리 수)의 계산 원리를 알고 형식화하여 곱을 구할 수 있다.

③ 곱셈을 이용하여 생활 주변의 문제를 해결할 수 있다.

④ 답을 예측하여 재미있게 놀이를 할 수 있다.

[3] 학습의 흐름

후속 학습

(세 자리 수) X (두 자리 수), (네 자리 수) X (두 자리 수)

↑

단원 학습

곱셈의 활용

↑

올림이 있는 (두 자리 수) X (두 자리 수)의 계산

↑

올림이 없는 (두 자리 수) X (두 자리 수)의 계산

↑

올림이 있는 (세 자리 수) X (한 자리 수)의 계산

↑

올림이 없는 (세 자리 수) X (한 자리 수)의 계산

↑

선수 학습

올림이 있는 (두 자리 수) X (한 자리 수)의 계산

3 탐구 활동의 전개 계획

활동명	주제	수업 내용 및 활동	활동내용	수학 원리	관련 영역	관련 단원
걸리버의 곱셈 여행기	곱셈 하기 (1)	• 수 모형을 이용하여 올림이 없는 (세 자리수)×(한 자리수)의 계산 원리를 알고, 형식화하게 한다. • 올림이 없는 (세 자리수)×(한 자리수)의 곱셈을 하게 한다. • 수 모형을 이용하여 올림이 여러 번 있는 (세 자리수)×(한 자리수)의 계산 원리를 알고, 형식화하게 한다. • 올림이 여러 번 있는 (세 자리수)×(한 자리수)의 곱셈을 하게 한다.	고대 이집트, 러시아 농부, 인도의 곱셈 방법을 알아보고, 그 속에 담긴 곱셈의 원리를 찾는 활동을 한다.	(두 자리수) × (두 자리수)의 곱셈, 곱셈의 규칙성 찾기	수와 연산 규칙성과 문제 해결	* 3-나 2. 곱셈
아름다운 곱셈의 규칙	곱셈 하기 (2)	• 수 모형을 이용하여 (두 자리수)×(몇십), (몇십)×(몇십)의 계산 원리를 알고, 형식화하게 한다. • (두 자리수)×(몇십), (몇 십)×(몇십)의 곱셈을 하게 한다. • (한 자리수)×(두 자리수)의 계산 원리를 알고 곱셈을 하게 한다. • 모눈종이를 이용하여 (두 자리수)×(두 자리수)의 계산 원리를 알고, 형식화하게 한다. • 올림이 있는 (두 자리수)×(두 자리수)의 곱셈을 하게 한다.	곱셈으로 만들어지는 신기한 수의 비밀을 찾아보고 제목을 지어보는 활동을 한다.	(두 자리수) × (두 자리수)의 곱셈, 곱셈의 규칙성 찾기		

4 탐구 활동의 실제

곱셈 탐험하기

3－3)－(1)

걸리버의 곱셈 여행기

학습주제 (두 자리 수)×(두 자리 수) 곱셈의 원리 찾기

학습목표 두 자리 수의 곱셈을 다양한 방법으로 할 수 있다.

교수모형 원리 탐구 수업 모형

준 비 물 수모형, 숫자 카드, 모눈종이 등

활용매체 교수용S/W, 다양한 나라의 국기

원리탐구단계	이렇게 지도하세요
새로운 문제 상황 제시	• 걸리버의 곱셈 문제  출처 : http://cafe.naver.com/ileader/1140 - '걸리버 여행기'의 한 장면을 인용하여 문제를 제시한다. - 한 달에 달걀을 21개 낳는 암탉이 열두 달 동안 총 몇 개의 달걀을 낳을까? - 연필 21다스는 연필이 모두 몇 자루인가? ※ 걸리버 여행기에서 직접적으로 문제 상황이 나오지 않지만, 교사는 학생들이 좋아할만한 장면의 상황을 바꾸어 가며 제시하여 흥미를 가질 수 있도록 한다. (걸리버가 여행한 소인국과 거인국은 크기 면에서 12배와 관련이 있다.)

<table>
<tr><th>원리탐구단계</th><th>이렇게 지도하세요</th></tr>
<tr><td>수학적 원리의
필요성 인식</td><td>• 문제 상황 곱셈식으로 표현하기: 21× 12 , 12× 21
• 걸리버의 곱셈 여행기 ▶ 활동지 3-3)-(1)-①, 활동지 3-3)-(1)-②)
- 옛날 사람들의 곱셈 방법(선택활동)
1) 고대 이집트의 곱셈 방법
2) 러시아 농부들의 곱셈 방법
3) 인도의 곱셈 방법
※ 모둠별로 서로 다른 나라의 곱셈 방법을 알아보고, 각각의 방법의 편리한 점과 불편한 점을 찾아보도록 한다.
• 옛날 사람들의 곱셈 방법의 편리한 점과 불편한 점 발표하기</td></tr>
<tr><td>학습할 원리가
내재된 조작활동
및
원리의 형식화</td><td>• (21× 12)의 곱셈 원리 찾아보기
- 수모형, 모눈종이 등 활용하여 (21× 12)의 답을 구하는 자신만의 방법을 찾아보도록 한다.
※ 학생들이 자신만의 방법을 스스로 찾아보도록 하되, 수모형이나 모눈종이와 같은 조작 활동을 할 수 있도록 격려한다. 스스로 찾지 못한 학생들을 위해 짝 토의 및 모둠 토의를 할 수 있도록 기회를 제공한다.
• 모둠별로 다양한 곱셈 원리 형식화하기 및 발표하기
- 모둠별로 서로 다른 방법으로 (21× 12)의 값을 얻어낸 것을 형식화하여 활동지에 적도록 한다.
※ 서로 같은 방법은 한 번만 적도록 안내한다. 말로 길게 쓰는 것이 아니라, 주어진 시간 안에 수로 형식화하여 간단하게 나타내도록 한다.</td></tr>
<tr><td>익히기 및 적용</td><td>• 도전, 60초!
- 10개의 (두 자리 수)×(두 자리 수) 문제를 제시하고, 주어진 시간 내에 문제풀기
※ 놀이 형식으로 곱셈 문제들을 즐겁게 풀 수 있는 것에 목적이 있다. 무엇보다 정확하게 풀 수 있도록 나중에 시간을 주도록 한다.</td></tr>
</table>

곱셈 탐험하기

3-3)-(1)- ❶

걸리버의 곱셈 여행기

학년 반 번

이름

※ 옛날 사람들은 곱셈을 어떻게 했을까? 자신이 선택한 방법을 찾아 실제 곱셈을 해보자.

고대 이집트의 곱셈 방법

곱하는 수를 2배하여 계산하였다. 15×5를 계산할 때, 5의 2배, 4배, 8배, 16배가 되는 수를 써 놓고, 곱해지는 수 15가 되는 경우를 몇 배의 합으로 찾아낸다. 1+2+4+8=15이므로, 5의 1배, 2배, 4배, 8배한 수를 더하면 15×5의 값을 계산할 수 있다.

<보기 1>

	15	× 5
∨	1	5
∨	2	10
∨	4	20
∨	8	40

5+10+20+40=75

따라서 15×5=75

<보기2>

	19	× 4
∨	1	4
∨	2	8
	4	16
	8	32
∨	16	64

4+8+64=76

따라서 19×4=76

1) 편리한 점은 무엇인지 생각해보자.

곱셈 구구를 배우지 않아도, 덧셈만으로도 값을 구할 수 있다.

2) 불편한 점은 무엇인지 생각해보자.

곱해지는 수가 커질수록 몇 배의 합인지 찾기 어렵고,
덧셈으로 값을 구하기 복잡해진다.

러시아 농부들의 곱셈 방법

다음과 같은 순서로 곱셈을 하였다.

① 왼쪽 수는 반씩 줄어든다.

② 왼쪽 수가 홀수일 경우 1을 뺀 다음 2로 나눈다.

〈예 : 15이면 (15-1)÷2=7〉

③ 오른쪽 수는 2배씩 늘어난다.

④ 왼쪽 수가 1이 될 때까지 기록한 후, 왼쪽 수에서 홀수만 찾아 ∨ 표시한다.

⑤ ∨표시 한 곳의 오른쪽 수를 더하여 곱을 구한다.

<보기 1>

	15	×	5
∨	15		5
∨	7		10
∨	3		20
∨	1		40

5+10+20+40=75
따라서 15×5=75

<보기2>

	19	×	4
∨	19		4
∨	9		8
	4		16
	2		32
∨	1		64

4+8+64=76
따라서 19×4=76

1) 편리한 점은 무엇인지 생각해보자.

받아올림이나 자릿수를 생각하지 않아도 정해진 방법대로 하면 곱셈을 구할 수 있다.

2) 불편한 점은 무엇인지 생각해보자.

숫자가 커질수록 과정이 복잡해질 수 있다.

곱셈 탐험하기

3-3)-(1)-❷

걸리버의 곱셈 여행기

학년 반 번

이름

인도의 곱셈 방법

인도의 곱셈은 격자곱셈 또는 창살 셈이라고도 한다.

곱셈문제는 위쪽과 오른쪽에 나누어 쓰고, 각 자리수마다 곱을 한 후 격자표에 십의 자리와 일의 자리 숫자로 분리해서 쓴다. 그런 후 상우와 좌하의 대각선 방향으로 합해서 그 칸 바로 밑쪽과 옆쪽에 합을 써나간다. 곱은 좌상부터 하우방향으로 차례대로 쓰면 된다. 대각선 방향으로 합했을 때, 10이 넘으면 10을 그 다음 합에 가서 1로 합한다. 즉 자리수로 올려가며 덧셈을 해야 한다.

76 × 98 = 7448

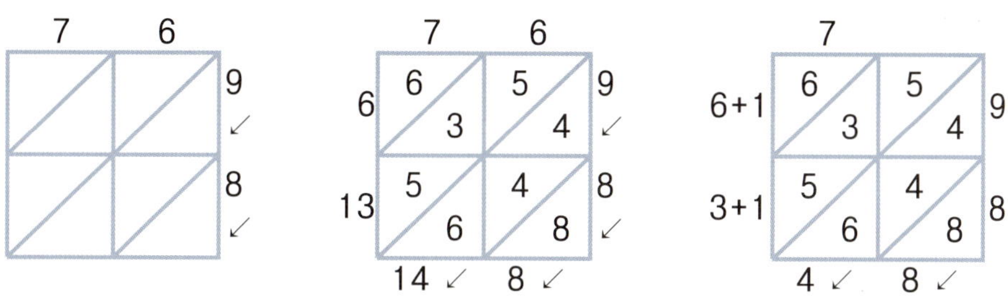

1) 위의 인도의 곱셈 방법을 이용하여 (63×17) 문제를 풀어보도록 하자.

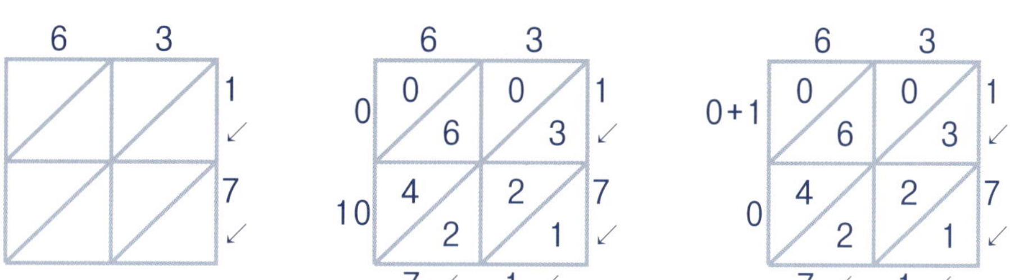

63 × 17 = 1071

1) 편리한 점은 무엇인지 생각해보자.

큰 수의 곱셈도 격자표를 이용하여 쉽게 구할 수 있다.

2) 불편한 점은 무엇인지 생각해보자.

받아올림을 할 때 자릿수가 헷갈릴 수 있다.

21 × 12 계산하기

수 모형, 모눈종이 등을 활용하여 나만의 곱셈 방법을 찾아보자.

곱셈 탐험하기

3 – 3) – (2)

아름다운 곱셈의 규칙

학습주제 곱셈으로 만들어진 수의 규칙 찾기

학습목표 곱셈으로 만들어지는 수의 규칙을 찾을 수 있다.

교수모형 문제 해결 수업 모형 **준 비 물** 계산기(곱셈 답을 확인)

활용매체 교수용S/W

원리탐구단계	이렇게 지도하세요
문제를 이해하기	• 걸리버의 소인국 탈출기 인용하기 - 걸리버는 소인국에서 탈출하기 위해 다음 수학 문제를 풀어야 합니다. 빈 칸을 모두 채워야 탈출할 수 있습니다. ※ 동기유발을 위해 걸리버의 소인국 탈출기를 인용하도록 한다.
해결 계획을 수립하기	• 배우지 않은 네 자리 이상의 곱셈을 어떻게 해결할 것인지 생각해보기 - 학생들의 다양한 답을 듣도록 발문한다. ※ 이미 배운 곱셈의 원리를 어떻게 활용할 것인가에 초점을 맞춰 대답을 이끌어 내도록 한다. • 다양한 곱셈 방법을 이용하여 해결 계획 세우기 ※ 다양한 방법으로 해결할 수 있도록 독려한다.
해결 계획을 실행하기	• 곱셈의 원리를 이용하여 빈 칸 채우기 ▶ **활동지 3-3)-(2)** $1 \times 1 = 1$ $11 \times 11 = 121$ $111 \times 111 = 12321$ $1111 \times 1111 = 1234321$: - 세 자리 수 이상의 곱셈에서는 규칙성을 이용하여 풀지 않고 예상하여 빈 칸을 채울 수 있다.

원리탐구단계	이렇게 지도하세요
해결 계획을 실행하기	• 계산기를 이용하여 곱셈의 답 확인하며 규칙 찾기 - 계산기를 이용하여 자신이 채운 빈 칸의 답이 맞았는지 확인하도록 한다. ※ 학생들이 단순히 계산기를 이용하여 답만 확인하는 것이 아니라, 규칙을 찾을 수 있도록 교사가 지도한다. • 곱셈의 제목과 자신이 찾은 원리 발표하기 ※ 발표 모둠의 내용을 다른 학생들이 다시 한번 요약하여 발표하는 기회를 제공하여 듣기의 소중함을 깨닫게 한다. ※ 친구와 자신이 찾은 원리의 비교를 통해 수학적 사고를 확장하도록 한다.
반성하기	• 최고의 제목과 규칙(원리) 선정하기 - 모둠별로 토의해서 각 모둠별로 가장 제목을 잘 짓고, 규칙과 원리를 잘 찾은 사람을 선정한다. • 자신이 찾은 해결방안에 대한 문제점 생각하며 수정하기

곱셈 탐험하기

3-3)-(2)

아름다운 곱셈의 규칙

학년 반 번

이름

※ 곱셈으로 만들어지는 신기한 수의 마술을 살펴보자. 어떤 비밀이 숨어 있을까? 잘 살펴보고 숨어있는 규칙들을 찾아보자.

1111…과 1111…의 곱입니다. ☐ 안에 알맞은 수를 써 넣어보자. 어떤 비밀이 숨어있을까?

1 × 1 = 1

11 × 11 = 1 2 1

111 × 111 = 1 2 3 2 1

1111 × 1111 = 1 2 3 4 3 2 1

11111 × 11111 = 1 2 3 4 5 4 3 2 1

제목을 지어주세요!

젓가락행진곡, 숫자로 이루어진 산

숨어있는 비밀, 그 원리를 찾아라!

1과 어떤 수의 곱은 항상 어떤 수 자신이다.

그래서 1과 1의 곱은 항상 1이다.

11×11의 경우, 일의 자리의 곱은 11이고, 십의 자리의 곱은 110이다.

따라서 이 둘을 합하면 세 자리 수인 121이 나온다.

111×111의 값은 다섯 자리 수로 12321이고,

1111×1111의 값은 일곱 자리 수로 1234321이다.

규칙을 찾아보면, 1에서 하나씩 늘어나다가 다시 줄어들어 1로 끝난다.

그러므로 111111111×111111111의 값은

12345678987654321이다.

Chapter 3

4학년 수학 원리 탐구 프로그램의 실제

1 4학년 프로그램 구성 개요

주제/모듈	체험제목	세부 내용	수학 원리	관련 영역
1) 꿀벌은 멋진 건축가	(1) 나는 이름이 필요해	• 수학자처럼 도형 분류하여 이름 붙이기 • 다각형과 정다각형 알아보기 • 정다각형의 특징 발견하기	다각형과 정다각형	도형
	(2) 정육각형의 비밀	• 평면을 빈틈없이 채울 수 있는 정다각형 찾기 • 꿀벌은 왜 정육각형 모양의 집을 짓는 것일까? • 패턴블럭을 이용하여 정육각형의 특성을 탐구하며 벌집에 담긴 수학적 원리를 발견하기		
2) 큰 수, 무한도전!	(1) 열배의 위력	• 10의 거듭제곱 알아보기 • 십진기수법의 원리 및 자릿값 알기 • 은행놀이를 통해 다섯 자리 이상의 큰 수 이해하기	십진 기수법의 원리 및 자리값	수와 연산
	(2) 억! 소리 나게 큰 수	• 동화 속 이야기를 활용하여 큰 수의 양적 감각 익히기 • 억, 조 단위의 큰 수 알아보기 • 세계 인구, 우리나라 예산 자료들 중에서 억, 조 단위의 큰 수 찾아보기		
3) 변신의 달인	(1) 분수야, 놀자!	• 놀이 활동을 통하여 분수 나타내는 원리 찾기 • 볼링핀 맞추기, 고리 던지기, 카드 뒤집기 놀이를 통하여 분수의 원리 탐구하기	분수와 소수 표현하기	수와 연산
	(2) 소수야, 놀자!	• 십자수 도안 '곰돌이 푸우' 속에 숨겨진 수학적 원리 찾기 • 십자수 도안을 보며 소수 표현하기 • 주어진 소수를 이용하여 나만의 십자수 도안 만들기	분수와 소수의 크기 비교하기	

2 4학년 프로그램의 실제

1) 꿀벌은 멋진 건축가

4-1)-(1) 나는 이름이 필요해

4-1)-(2) 정육각형의 비밀

2) 큰 수, 무한도전!

4-2)-(1) 열 배의 위력

4-2)-(2) 억! 소리나게 큰 수

3) 변신의 달인

4-3)-(1) 분수야, 놀자!

4-3)-(2) 소수야, 놀자!

4-1)

꿀벌은 멋진 건축가

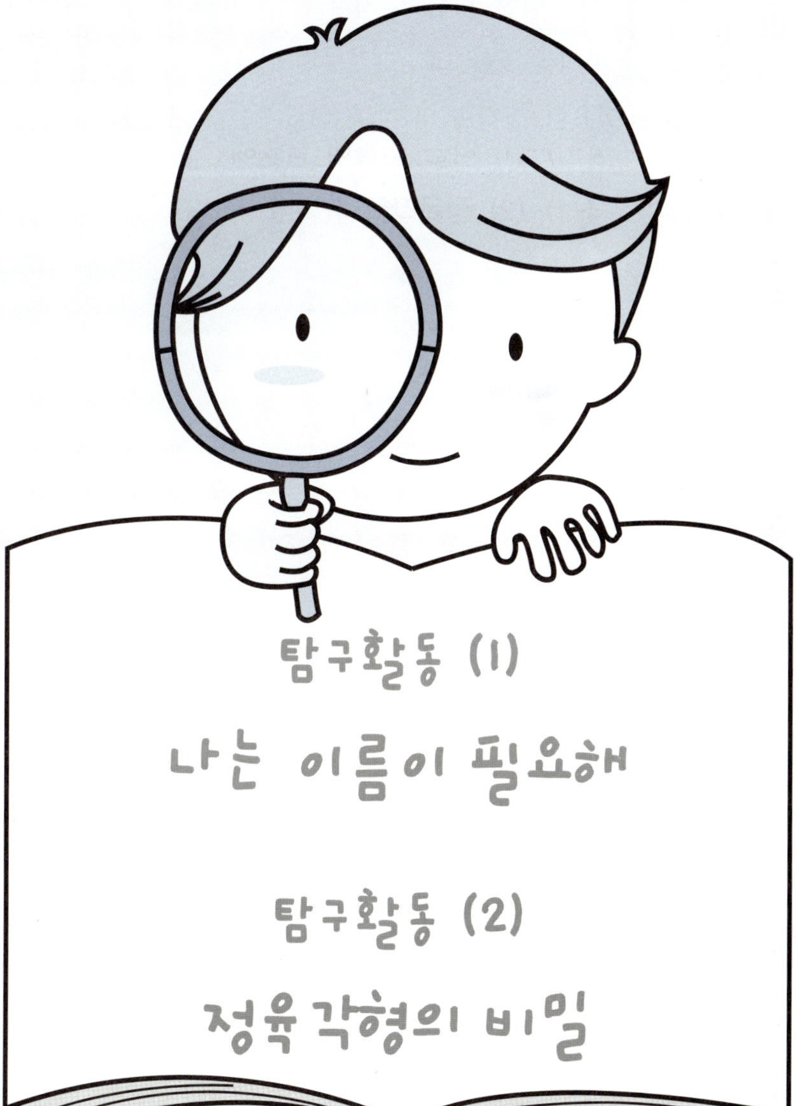

1 탐구 활동 개요

3-가 단계에서 각과 직각, 직사각형과 정사각형을 배웠고, 3-나 단계에서는 원의 구성 요소를 배웠으며, 4-가 단계에서는 여러 가지 삼각형과 삼각형의 내각의 합, 사각형의 내각의 합을 배웠다. 이러한 학습 내용과 앞 단원의 수직과 평행에 대한 이해를 바탕으로 이 단원에서는 사다리꼴, 평행사변형, 마름모, 직사각형, 정사각형의 순서로 점점 조건이 추가되는 사각형의 특수한 형태를 알아보고, 다각형과 정다각형을 학습하며, 공간 감각을 기르기 위하여 도형판을 이용한 삼각형, 사각형 만들기를 하게 한다.

2 교육과정 분석

[1] 학년 및 단원: 4-나 5. 사각형과 도형 만들기

[2] 단원의 학습 목표

① 사다리꼴을 이해하고, 식별할 수 있다.
② 평행사변형을 이해하고, 그 성질을 안다.
③ 마름모를 이해하고, 그 성질을 안다.
④ 다각형과 정다각형을 이해하고, 식별할 수 있다.
⑤ 사각형의 대각선을 이해하고, 그 성질을 안다.
⑥ 도형판을 이용하여 삼각형, 사각형 등 여러 가지 모양을 만들 수 있다.

[3] 학습의 흐름

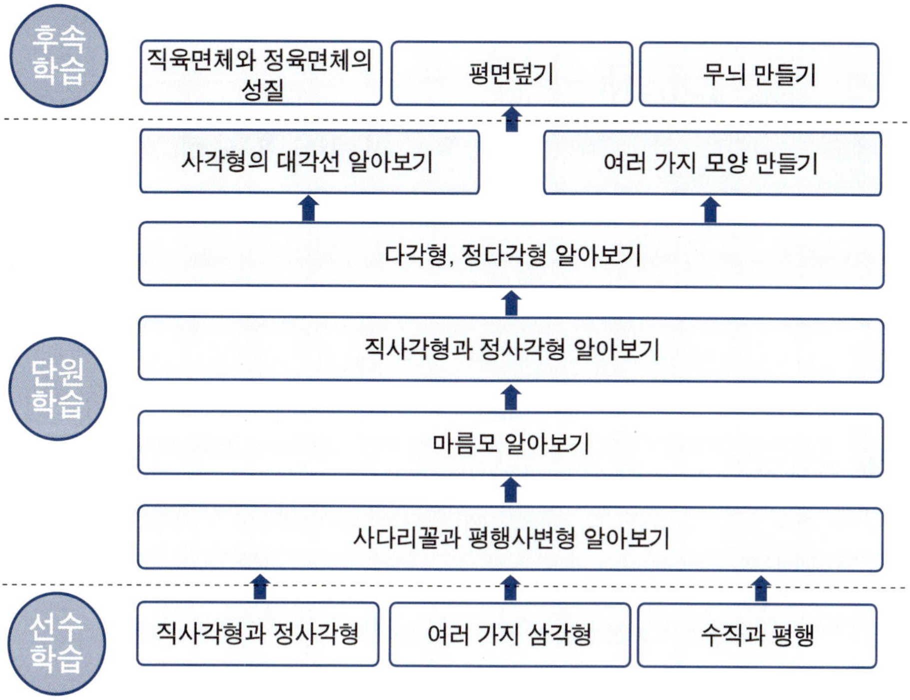

3 탐구 활동의 전개 계획

활동명	주제	수업 내용 및 활동	활동내용	수학 원리	관련 영역	관련단원
나는 이름이 필요해	다각형과 정다각형 알아보기	• 선분으로만 둘러싸인 도형을 찾게 하여 다각형이라고 약속한다. • 변의 길이가 모두 같고, 각의 크기가 모두 같은 다각형을 찾아 정다각형이라고 약속한다.	다양한 도형들을 특성에 따라 분류하고, 그에 따라 이름을 붙여보는 활동을 하며 다각형과 정다각형을 탐구하도록 한다.	다각형과 정다각형	도형	* 4-나 5. 사각형과 도형 만들기
정육각형의 비밀	여러 가지 모양 만들기	• 도형판에 조각을 사용하여 삼각형과 직사각형을 만들어 보게 한다.	꿀벌들은 왜 정육각형으로 집을 짓는 것인지 벌집에 담긴 수학적인 원리를 발견한다.			

4 탐구 활동의 실제

4－1)－(1)

꿀벌은 멋진 건축가

나는 이름이 필요해

학습주제 다각형과 정다각형 알아보기

학습목표 정다각형을 이해하고, 변의 수에 따라 그 이름을 말할 수 있다.

교수모형 개념 형성 수업 모형

준 비 물 칠판용 도형 카드, 사진 자료, 각도기, 칠교

활용매체 교수용S/W

원리탐구단계	이렇게 지도하세요
범례 제시	• 우리 주변의 다양한 도형 제시하기  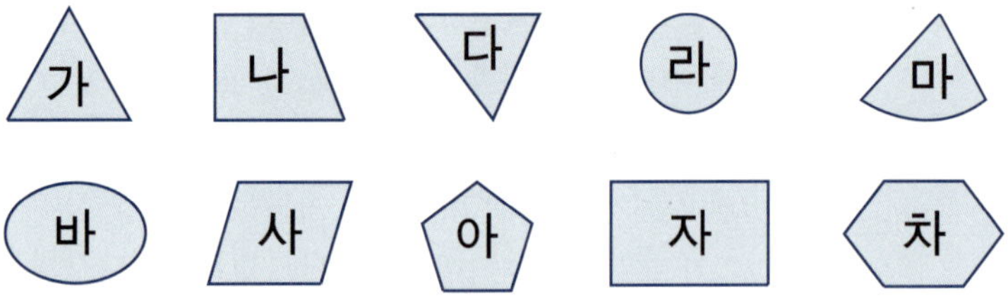 - 생활 주변의 건축물에서 위의 도형들을 유도해 학습 동기를 유발한다. ※ 학생들에게 도형의 이름을 말하지 말고, 직접 나와서 손으로 그려보도록 한다.

원리탐구단계	이렇게 지도하세요
범례 분류하기	• 도형 분류하기 ▶ **활동지 4-1)-(1)** - 다양한 도형들을 자신이 세운 기준에 따라 분류한다. • 분류한 내용 발표하기 - 학생들은 자신이 세운 기준에 따라 분류한 내용을 발표한다. ※ 도형을 제시할 때는 색으로 분류하지 않도록 모두 같은 색을 지정한다.
공통의 성질 추상화하기	• 분류한 도형들의 공통된 성질을 찾아보기 - 분류한 도형들의 공통점은 무엇입니까? ※ 수학적인 성질을 찾아보도록 유도한다. (변의 수, 각의 수 등) • 분류한 도형들에 각각의 이름을 지어보기
개념 도입하기	• 다각형 알아보기 - 선분으로만 둘러싸인 도형과 그렇지 않은 도형으로 분류한다. - 다각형의 개념 알기 및 도형들 중 다각형 찾는다. ☞ 선분으로만 둘러싸인 도형을 다각형이라고 한다. 다각형은 변의 수에 따라 삼각형, 사각형, 오각형, 육각형이라고 부른다. • 정다각형 알아보기 - 다각형 중 변의 길이, 각의 크기가 모두 같은 것을 찾는다. ☞ 변의 길이가 모두 같고, 각의 크기가 모두 같은 다각형을 정다각형이라고 한다.
개념 익히기	• 칠교로 다각형 만들기 - 칠교로 다각형 만들어 보고, 도형의 이름을 말하도록 한다. - 칠교로 만든 다각형 중에 정다각형을 찾아보도록 한다. ※ 그림을 보고 똑같이 만들게 하기, 다각형을 정해주고 스스로 만들어 보기 등의 활동은 학생들의 수준에 따라 다르게 제시하도록 한다.

꿀벌은 멋진 건축가

4-1)-(1)

나는 이름이 필요해

학년 반 번

이름

※ 다음 도형들을 분류하고, 이름을 지어보자.

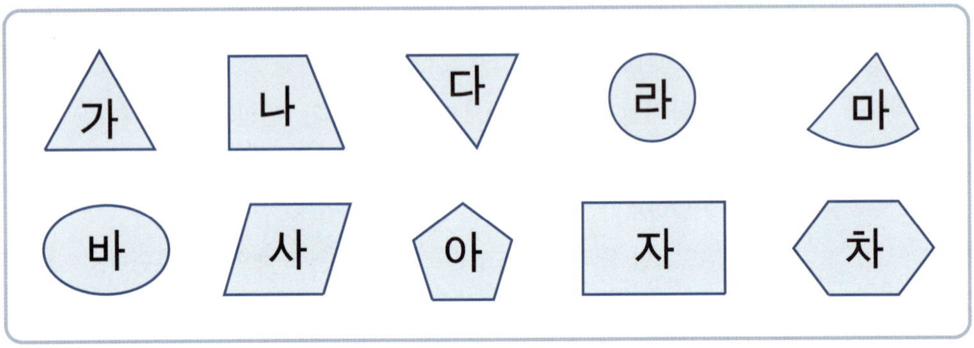

1. 다음을 자신만의 기준을 세워 분류해 보자.

<다각형>

가 나 다 사 아 자 차

<다각형이 아닌 도형>

라 마 바

2. 이름을 붙여보자.

가	나	다	라	마
정삼각형	사다리꼴	삼각형	원	호

바	사	아	자	차
타원	평행사변형	정오각형	직사각형	육각형

3. 칠교로 다음과 같은 도형을 만들어 보고, 이름을 붙여보자.

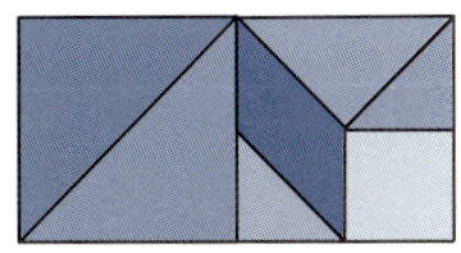
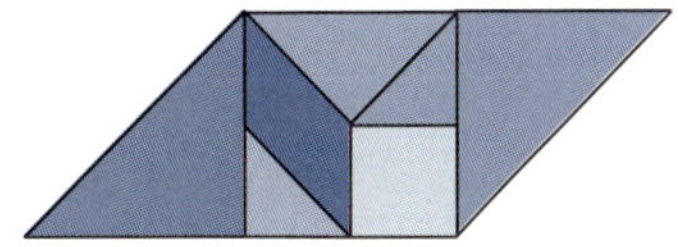

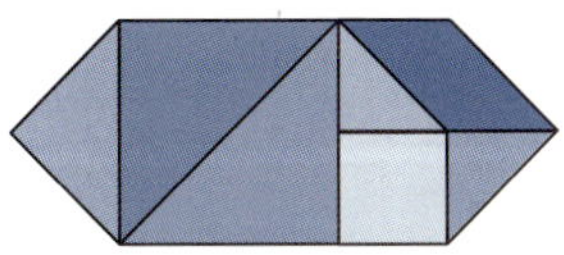
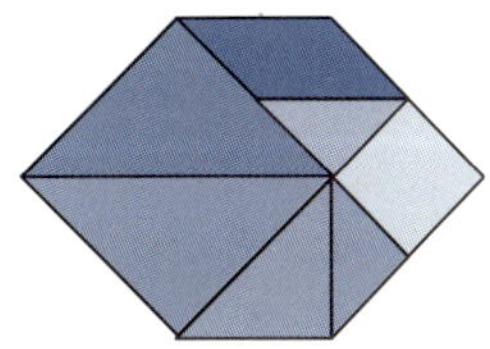

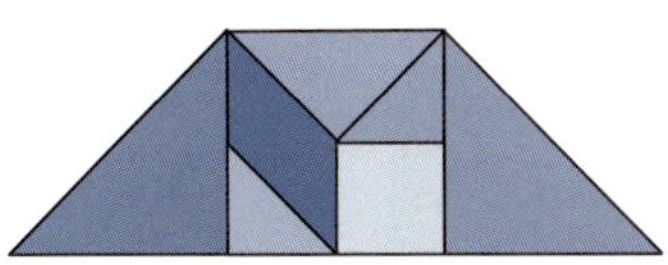
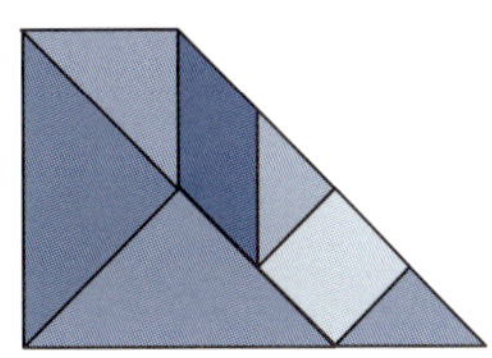

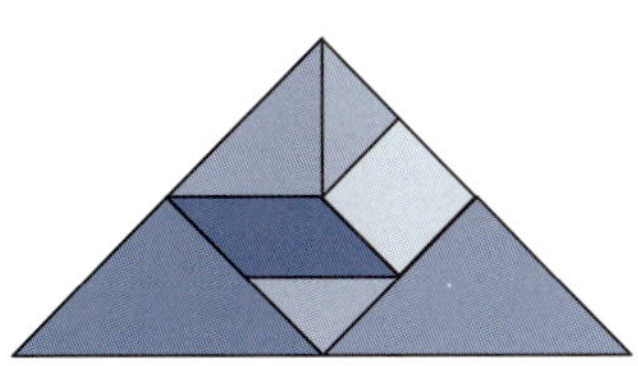
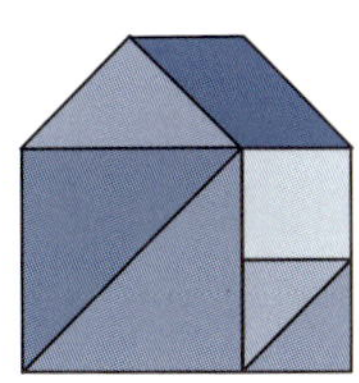
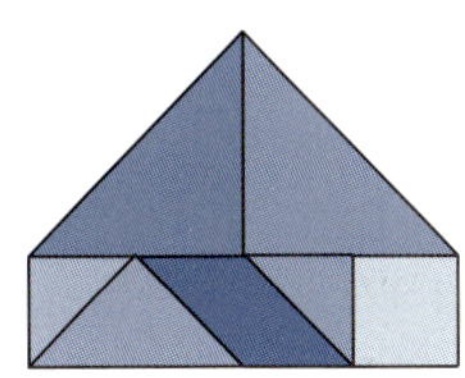

꿀벌은 멋진 건축가

4 – 1) – (2)

정육각형의 비밀

학습주제 정육각형의 특성 알기 (꿀벌은 왜 정육각형의 집을 짓는 것일까?)

학습목표 정육각형을 특성을 알고, 실생활에서 그 예를 찾을 수 있다.

교수모형 문제 해결 수업 모형

준 비 물 패턴블록, 기하판, 사진자료(벌집) 등

활용매체 교수용S/W

원리탐구단계	이렇게 지도하세요
문제를 이해하기	• 벌집을 이루고 있는 도형 이야기해보기 ▶ **활동지 4-1)-(2)** - 꿀벌의 집은 어떤 도형으로 이뤄졌는가? - 꿀벌은 집을 잘 짓기로 유명한데, 왜 정육각형으로 집을 지을까? ※ 학생들은 정육각형으로 만든 이유를 자유롭게 이야기 하도록 한다. 과학 시간과도 연관지어 생각할 수 있도록 한다. 
해결 계획을 수립하기	• 정육각형 탐구하기 - 변의 길이, 각의 크기 등의 특성 찾아본다. - 여러 가지 패턴블록으로 정육각형 만들어 본다. • 모둠별로 해결 계획 수립하기 ※ 문제해결을 위해 필요한 수학 자료는 계획을 수립한 뒤에 교탁 앞에서 모둠 바구니에 담아가도록 한다.
해결 계획을 실행하기	• 패턴블록으로 평면 채우기 - 평면을 빈틈없이 채울 수 있는 다각형은 무엇인지 찾아본다. - 패턴블록은 모둠별로 같은 모양을 모아서 같은 다각형으로만 반복해서 채우도록 한다.

원리탐구단계	이렇게 지도하세요
해결 계획을 실행하기	※ 패턴블록으로 평면을 채울 때, 서로 다른 도형을 섞어서 하지 않도록 안내한다. ※ 패턴블록으로 평면 채우기 방법 이외에도 기하판(도형판)을 이용하여 채울 수도 있다. • 각 도형마다 평면을 가득 채웠을 때 좋은 점과 나쁜 점 찾아보기 - 개별적으로 자신의 생각을 쓰도록 한다. • 벌집이 정육각형으로 이뤄진 이유 정리하여 발표하기 - 모둠별로 토의하여 결과를 정육각형 활동지에 정리한다. ※ 평면 채우기 활동은 교사가 문제 해결 방안 중 하나로 제시한 것일 뿐이므로, 학생들이 또 다른 해결방안을 찾기 위해 다른 활동을 할 수 있도록 격려한다. 또한 토의에 참여하지 않는 학생이 없도록 모둠별 궤간 순시를 한다.
반성하기	• 수학자들이 찾은 벌집이 정육각형인 이유 소개하기 - 자신이 찾은 방법과 친구들이 찾은 방법 비교해 본다. ※ 수학자들이 찾은 이유가 무조건 정답이라고 할 수 없으므로, 학생들이 찾은 이유도 매우 중요한 것임을 강조한다. • 벌집 완성하기 - 벌집이 정육각형인 이유를 쓴 활동지(벌집모양)를 칠판 앞 전지에 붙여가며 벌집을 완성한다. - 최고의 수학박사 모둠 선정한다.

4-1)-(2)

꿀벌은 멋진 건축가

정육각형의 비밀

학년 반 번

이름

※ 꿀벌은 왜 정육각형의 집을 짓는 것일까?

http://blog.naver.com/phoenixx0310?Redirect=Log&logNo=60042495216

부지런한 동물을 꼽으라면 꿀벌이 빠지지 않는다. 여왕벌로 태어나면 알을 낳는 일로, 일벌로 태어나면 이 꽃 저 꽃을 날아다니며 꿀을 따오는 일을 하거나 알을 돌보는 일로 평생을 보낸다.

꿀벌은 부지런할 뿐 아니라 굉장한 건축가이기도 하다. 꿀벌의 집을 들여다보면 정육각형 모양의 작은 방들로 빼곡히 메워져 있는데 그 빼어난 솜씨에 감탄하지 않을 수 없다.

1. 정육각형의 특성을 알아보도록 하자.

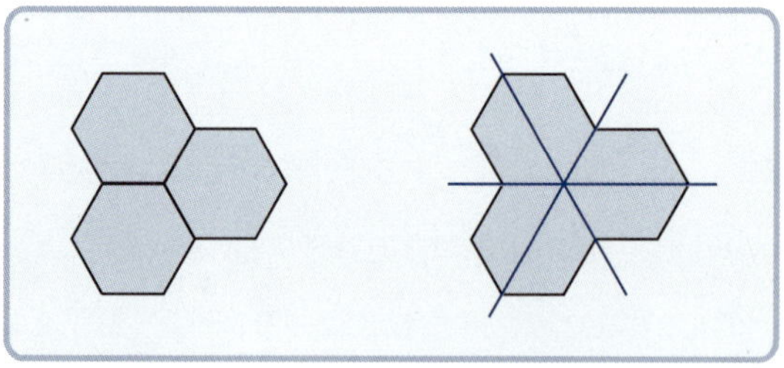

 은 1입니다. 이때 하나의  은 $\frac{1}{3}$ 이고,

네 개의  은 $\frac{4}{6}$ 입니다.

2. 패턴블록을 이용하여 평면을 채워보도록 하자.

1) 평면을 빈틈없이 채울 수 있는 것은 어떤 도형인가?

(○) (○) (○) (○) (   )

2) 평면을 빈틈없이 채울 수 있는 도형들로 벌집을 만든다면 어떤 특징이 있을지 생각해 보자.

도형이름	장점	단점
정삼각형	평면을 빈틈없이 채울 수 있고, 안정적이다.	같은 크기의 공간을 만드는 데 재료가 많이 든다.
정사각형	평면을 빈틈없이 채울 수 있다.	정육각형에 비해 구조가 튼튼하지 못하다.
정육각형	평면 빈틈없이 채울 수 있는 도형 중 원에 가장 가까운 도형이고, 최소의 재료로 가장 튼튼한 공간이 정육각형이다.	

3. 훌륭한 건축가인 꿀벌은 왜 정육각형의 벌집을 만드는지 그 이유를 써보자.

둘레가 일정할 때 넓이가 최대인 도형은 원이지만, 원은 여러 개 이어붙이면 빈틈이 생긴다. 정다각형 중 정육각형, 정삼각형, 정사각형(참고, 마주보는 각이 각각 60°, 120°인 마름모도 가능)이 평면을 빈틈없이 덮을 수 있지만 정삼각형은 같은 크기의 공간을 만드는데 정육각형에 비해 재료가 많이 들고, 정사각형은 정육각형에 비해 구조가 튼튼하지 못한다. 따라서 최소의 재료로 가장 튼튼한 공간을 만들려면 정육각형이 가장 적합하다.

4 – 2)

큰 수, 무한도전

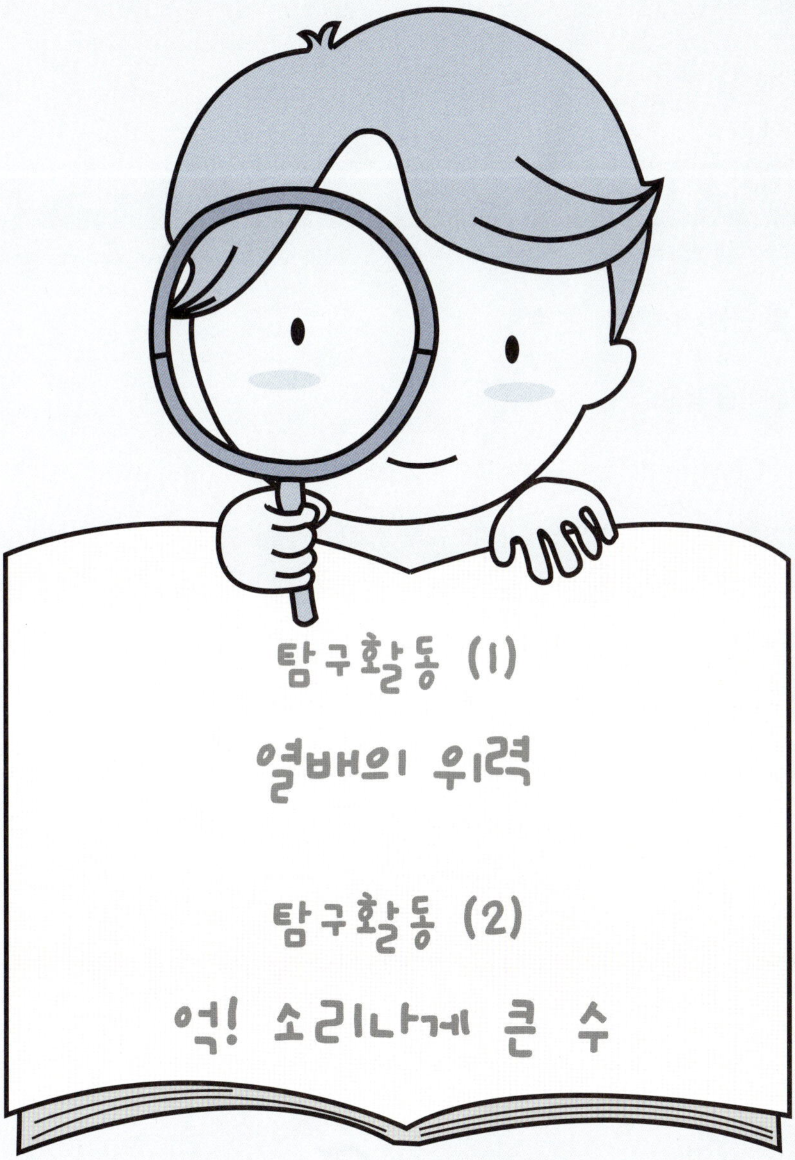

1 탐구 활동 개요

이 단원에서는 만의 도입에서 시작하여 억, 조와 같이 큰 수의 읽기, 쓰기, 수의 계열, 대소 관계, 자릿값과 자릿수에 대하여 지도한다. 이 단원에서 자연수의 지도가 완성되므로, 자리잡기에 의한 십진기수법에 대하여 학생들이 충분하게 이해하고 활용할 수 있는 수준까지 지도한다.

2 교육과정 분석

[1] 학년 및 단원: 4-가 1. 큰 수

[2] 단원의 학습 목표

① 만, 십만, 백만, 천만의 자리 수를 쓰고, 읽을 수 있다.
② 억, 십억, 백억, 천억의 자리 수를 쓰고, 읽을 수 있다.
③ 조, 십조, 백조, 천조의 자리 수를 쓰고, 읽을 수 있다.
④ 만 이상의 수의 기수법을 이해하고, 각 자리의 숫자와 수를 이해한다.
⑤ 큰 수의 계열을 이해하고, 대소를 비교할 수 있다.

[3] 학습의 흐름

후속 학습	배수와 약수
단원 학습	큰 수와 뛰어세기와 대소 비교 ↑ 억, 조의 이해 ↑ 십만, 백만, 천만의 이해 ↑ 다섯 자리 수의 이해
선수 학습	천의 도입 / 네 자리 수 / 대소 비교

3 탐구 활동의 전개 계획

활동명	주제	수업 내용 및 활동	활동내용	수학 원리	관련 영역	관련단원
열 배의 위력	다섯 자리 수의 이해와 각 자리 숫자와 수 십만, 백만, 천만의 이해와 각 자리의 숫자와 수	• 1000이 10(열)이면 만임을 알게 한다. • 다섯 자리 수를 쓰고, 읽게 한다. • 다섯 자리 수에서 각 자리의 숫자와 그 숫자가 나타내는 수를 알게 한다. • 십만, 백만, 천만 단위까지 수의 구성을 알고, 쓰고, 읽을 수 있다. • 천만 단위까지의 수에서 각 자리의 숫자와 그 숫자가 나타내는 수를 알게 한다.	10을 거듭제곱하면서 십진기수법의 원리를 이해하고, 은행놀이를 통해 다섯 자리 이상의 큰 수를 쉽게 이해할 수 있다.	십진 기수법의 원리 및 자릿값, 억, 조의 양적 감각	수와 연산	* 4-가 1. 큰 수

활동명	주제	수업 내용 및 활동	활동내용	수학 원리	관련 영역	관련단원
'억' 소리 나는 큰 수	억의 이해 조의 이해 큰 수의 뛰어세기 큰 수의 대소비교	• 1000만이 10이면 억임을 알게 한다. • 억, 십억, 백억, 천억의 관계를 알고, 기수법을 알게 한다. • 천억 단위까지의 수에서 각 자리의 숫자와 그 숫자가 나타내는 수를 알게 한다. • 1000억이 10이면 조임을 알게 한다. • 조, 십조, 백조, 천조의 관계를 알고, 기수법을 알게 한다. • 조단위까지의 수에서 각 자리의 숫자와 그 숫자가 나타내는 수를 알게 한다. • 만, 억, 조에서 수의 계열을 알아보고, 몇씩 커지는 수인지 알아보게 한다. • 큰 수의 대소를 비교하게 한다.	세계 인구, 우리나라 예산을 말할 때 주로 쓰이는 억, 조 단위의 큰 수의 양감을 익힐 수 있다. 동화 속 장면을 활용하여 억, 조가 얼마나 큰 수인지 느낄 수 있도록 한다. 숫자카드를 이용하여 큰 수를 만들어보고, 익히도록 한다.	십진 기수법의 원리 및 자릿값, 억, 조의 양적 감각	수와 연산	* 4-가 1. 큰 수

4 탐구 활동의 실제

큰 수, 무한도전

4-2)-(1)

열 배의 위력

학습주제 거듭제곱과 십진수의 자릿값

학습목표 다섯 자리 수의 각 자리 숫자와 수를 이해하고, 기수법의 원리를 이해할 수 있다.

교수모형 개념 형성 수업 모형 **준비물** 모형 돈, 모형 통장

활용매체 단원 도입 사진 자료, 교수용S/W

원리탐구단계	이렇게 지도하세요
범례 제시하기 및 분류하기	• 꾀 많은 일꾼 이야기 제시 - 첫 날에는 100원, 열흘 뒤에는 100원의 열 배, 그 다음 열흘 뒤에는 100원의 열 배에 열 배를 주시오. ※ 학생들이 100원, 1000원, 10000원을 생각해낼 수 있도록 교사는 금액을 직접적으로 제시하지 않는다. - 꾀 많은 일꾼이 50일 뒤에는 얼마의 돈을 받을 수 있을까? ※ 학생들은 십만, 백만, 천만의 단위를 배우지 않았으므로 정확한 답이 나오지 않더라도 만원이 10장, 만원이 100장은 얼마일지 예상해 보도록 한다.
공통의 성질 추상화하기	• 다섯 자리 수의 이해 ▶ **활동지 4-2)-(1)** ☞ 1000이 10이면 10000이며, 10000 또는 1만이라고 쓰고, 만 또는 일만이라고 읽는다. • 32654원 모형 돈으로 만들기 ☞ 10000원 3장, 1000원 2장, 100원 6개, 10원 5개, 1원 4개 ☞ 십진수의 자릿값 알기(32654에서 3은 만의 자리 숫자이며, 30000을 나타낸다. ※ 각 자리의 숫자와 그 숫자가 나타내는 수를 이해하기 쉽게 모형 돈을 이용하여 지도한다.

원리탐구단계	이렇게 지도하세요
개념 도입하기	• 십진기수법의 원리 이해하기 - 동화장면 활용하여 동기유발한다. - 만의 10배는 십만, 100배는 백만, 1000배는 천만이다. ☞ 만이 10이면 100000 또는 10만이라고 쓰고, 십만이라고 읽는다. ※ 학생들이 자유롭게 탐구하여 다양한 답이 나올 수 있도록 격려한다. • 십만, 백만, 천만의 이해와 숫자 읽기 ※ 모형 돈을 이용하여 십만과 백만을 이해할 수 있지만, 천만은 학생들이 스스로 생각하여 값을 생각하도록 한다.
개념 익히기	• 놀이로 배워요! • 은행 놀이 - 모형 돈을 이용하여 통장에 입금하며 큰 수를 정확하게 읽고 쓸 수 있는지 확인한다. ※ 교사가 학생들에게 놀이 방법을 미리 안내한다. 큰 수를 모형 돈으로 정확하게 만들고, 읽을 수 있는지 확인한다.

큰 수, 무한도전

4-2)-(1)

열 배의 위력

학년 반 번

이름

※ 모형 돈을 이용해 열 배의 위력을 느껴 보자.

1. 100원에 10배를 거듭 곱할수록 금액은 어떻게 변할지 알아보자.

100원 → (10배) → 1000원 → (10배) → 10000원 → (10배) → 100000원 → (10배) → 1000000원 → (10배) → 10000000원

2. 다음 그림을 보고, 모두 얼마인지 알아보자.

(1) 모두 얼마인가? (54820)원

(2) 왜 그렇게 생각하는지 써보자.

만원짜리가 5장, 천원짜리가 4장,
백원짜리가 8개, 10원짜리가 2개이기 때문이다.
(50000 + 4000 + 800 + 20 = 54820원)

3. 영희는 은행에서 63274원을 찾으려고 한다. 숫자와 수를 알아보자.

〈찾으실 돈〉

	만	천	백	십	일
₩	6	3	2	7	4

예금주 : 이영희

(1) 6은 만의 자리의 숫자이고, [60000] 을 나타낸다.

(2) [3] 은 천의 자리의 숫자이고, 3000을 나타낸다.

4. 행복은행에서 개설한 자신의 통장에 모형 돈을 이용하여 친구와 은행놀이를 해보자.

거래하신 내용 (예금 및 대출) 예금주:

차례	찾으신 금액	맡기신 금액	남은 금액
1		54820	54820
2	11210		43610
3	5000		38610
4			
5			
6			
7			
8			

4 – 2) – (2)

큰 수, 무한도전

억! 소리나게 큰 수

학습주제 억, 조의 이해 및 양적 감각 익히기

학습목표 억과 조를 이해하고, 쓰고 읽을 수 있다.

준 비 물 숫자카드, 말판, 주사위

교수모형 개념 형성 수업 모형

활용매체 관련 자료 책, 교수용S/W

원리탐구단계	이렇게 지도하세요
범례 제시하기 및 분류하기	• 억, 조는 얼마나 큰 수인지 생각해보기 - 억, 조가 얼마나 큰 수인지를 알 수 있게 하는 동화책 보여준다. (억 명의 어린이들을 어깨 위로 쌓아 간다면?) ※ 동화책을 스캔하여 화면으로 제시한다. 이 때 백만, 천만, 억, 조의 크기 순서대로 보여줘 양적 차이를 눈으로 확인할 수 있도록 한다.
공통의 성질 추상화하기	• 억을 이해하고, 쓰고 읽기 ☞ 1000만이 10이면 100000000 또는 1억이라 쓰고, 억 또는 일억이라고 읽는다. • 조를 이해하고, 쓰고 읽기 ☞ 1000억이 10이면 1000000000000 또는 1조라고 쓰고, 조 또는 일조라고 읽는다. ※ 억과 조에 대하여 막연하게 큰 수라고 생각할 수도 있으니 실생활에서 사용되는 예를 함께 제시하여 양감을 익히는데 도움이 되도록 한다.
개념 도입하기	• 억을 나타내는 다양한 방법 생각하기 - 1000만이 10인 수, 1만의 10000배인 수, 99999999보다 1 큰 수 등 ※ 학생들이 자유롭게 탐구하여 다양한 답이 나올 수 있도록 격려한다. • 억 단위의 숫자 카드 만들어 각 자리의 자릿값 알기 ※ 숫자 카드를 이용해 억 단위의 숫자를 만들고, 각 자리의 자릿값을 알아보도록 한다. • 조를 나타내는 다양한 방법 생각하기 - 1000억이 10인 수, 1억의 10000배인 수, 999999999999보다 1 큰 수 등 • 조 단위의 숫자 카드 만들어 각 자리의 자릿값 알기
개념 익히기	• 놀이로 배워요! – 숫자카드놀이 ▶ **활동지 4-2)-(2)** - 주어진 숫자카드를 집어 큰 수를 만든 사람이 이기는 놀이를 통해 숫자를 읽고, 크기를 비교하도록 한다. ※ 교사가 학생들에게 놀이 방법을 미리 안내한다.

큰 수, 무한도전

4-2)-(2)

억! 소리나게 큰 수

학년 반 번

이름

★ 게임 방법 ★

<준비물> 숫자카드(0-9까지 각각 4장씩)

<놀이방법>

- 두 사람이 함께 놀이를 하도록 한다.
- 숫자 카드를 1장씩 번갈아가며 9장을 뽑는다.
- 자기가 뽑은 숫자 카드를 가지고 가장 큰 수를 만든다.
- 큰 수를 만든 사람이 이긴다.

1. 짝과 함께 위에 안내된 놀이 활동을 해보자.

(1) 자신과 짝이 뽑은 카드를 순서대로 빈 칸에 적어보자.

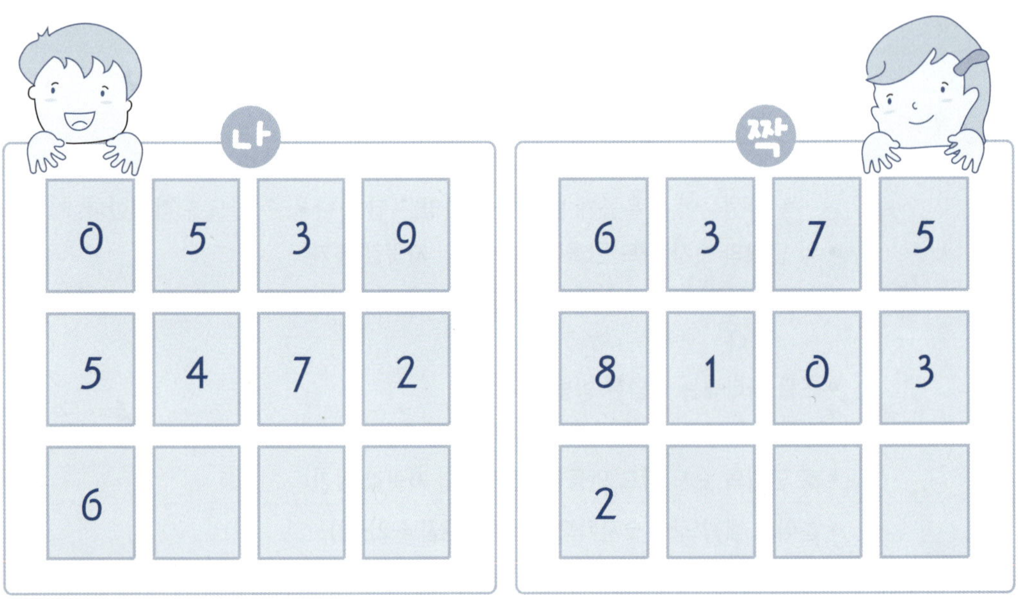

(2) (1)에서 내가 뽑은 카드로 가장 큰 수를 만들어 써보고, 읽어보자.

(976554320) ➡ (구억칠천육백오십오만사천삼백이십)

							9	7	6	5	5	4	3	2	0
천	백	십	일	천	백	십	일	천	백	십	일	천	백	십	일
			조				억				만				일

(3) 짝이 만든 큰 수는 무엇인지 써보고, 읽어보자.

(876533210) ➡ (팔억칠천육백오십삼만삼천이백십)

							8	7	6	5	3	3	2	1	0
천	백	십	일	천	백	십	일	천	백	십	일	천	백	십	일
			조				억				만				일

4-3)

변신의 달인

1 탐구 활동 개요

두 양의 크기를 비교하여 분수로 나타내고, (자연수)÷(자연수)를 분수로 나타내 본다. 분모가 같은 대분수의 크기를 비교하고 분모가 같은 분수의 덧셈과 뺄셈을 하도록 한다.

3-나에서는 소수 한 자리 수의 쓰기, 읽기, 소수의 대소 비교 등을 공부하였다. 이 단원에서는 3학년에서 학습한 소수의 개념을 바탕으로 분모가 100인 분수를 알아보는 활동에서 분수를 통하여 소수 두 자리 수를 이해하고, 1000은 추론을 통하여 소수 세 자리 수를 이해하게 한 다음, 이들 소수를 바르게 읽고 쓸 수 있도록 한다.

이때, 소수와 분수의 상환 관계와 100배, 1000배의 관계를 가진 m와 cm, km와 m의 단위 환산을 통하여 소수 두 자리 수와 소수 세 자리 수를 이해하게 한다. 또, 단위소수 0.1, 0.01, 0.001 사이의 배 관계와 소수의 크기 비교를 학습하도록 한다.

2 교육과정 분석

[1] 학년 및 단원: 4-나 1. 분수 / 2. 소수

[2] 단원의 학습 목표

① 두 양의 크기를 비교하여 분수로 나타낼 수 있다.
② (자연수)÷(자연수)를 분수로 나타낼 수 있다.
③ 1과 크기가 같은 분수를 나타낼 수 있다.
④ 분모가 같은 분수의 덧셈과 뺄셈을 할 수 있다.
⑤ 소수 두 자리 수, 소수 세 자리 수를 이해하고, 읽고, 쓸 수 있다.
⑥ 소수의 자리값과 숫자로 소수를 나타낼 수 있다.
⑦ 분수를 소수로, 소수를 분수로 나타낼 수 있다.
⑧ 소수의 크기를 알고 대소를 비교할 수 있다.

[3] 학습의 흐름

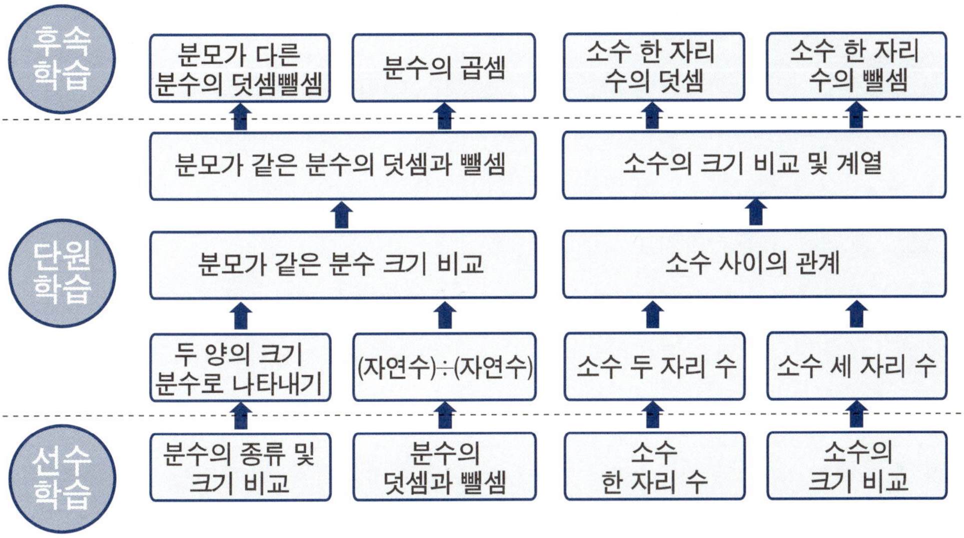

3 탐구 활동의 전개 계획

활동명	주제	수업 내용 및 활동	활동내용	수학 원리	관련 영역	관련 단원
분수야, 놀자!	분수로 나타내기 분모가 같은 분수의 크기비교	• 전체의 부분을 분수로 나타내도록 한다. • 두 양의 크기를 비교하여 분수로 나타낸다. • (자연수)÷(자연수)를 분수로 나타낸다. • 자연수 부분이 다른 대분수의 크기를 색을 칠하는 활동으로 비교한다. • 분모가 같은 가분수와 대분수의 크기를 비교한다.	볼링게임, 초코파이 나누기, 피자모형 나누기 등 놀이를 통해 분수로 표현하는 활동을 한다.	분수와 소수 표현하기, 분수와 소수의 크기 비교하기	수와 연산	* 4-나 1. 분수 2. 소수
소수야, 놀자!	여러 가지 모양 만들기	• 흰 종이에 100칸을 만들어 $\frac{1}{100}$ 이 0.01과 크기가 같음을 알고, 자리값을 알게 한다. • 분모가 100인 분수와 크기가 같은 소수 두 자리 수를 알게 한다. • 소수 두 자리 수를 쓰고 읽게 한다.	십자수 속 소수 찾기, 모눈종이 색칠하기, 투명 종이에 유성매직으로 꾸미기 등을 통하여 소수로 표현하는 활동을 한다.			

4 탐구 활동의 실제

4－3)－(1)

변신의 달인 

분수야, 놀자!

학습주제 분수로 나타내기 (전체와 부분)

학습목표 전체의 부분을 분수로 나타낼 수 있다.

준 비 물 볼링놀이세트, 분수카드 등

교수모형 개념 형성 수업 모형

활용매체 사진 자료(피자모형 등), 교수용S/W

원리탐구단계	이렇게 지도하세요
범례 제시하기 및 분류하기	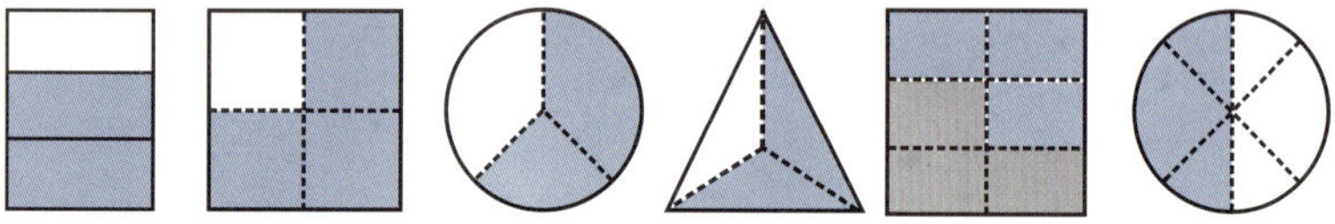 • 다른 것 찾기 - 위에서 $\frac{3}{4}$이 아닌 것은 무엇인가? - 위의 그림은 $\frac{3}{4}$과 무엇이 다른가? ※ 3학년 때 배웠던 분수 개념을 떠올려 보도록 한다. 학생들의 자유로운 답변을 이끌도록 한다. 이때 칠판에 다양한 그림 분수 모형을 제시한다. ☞ 3학년 때 배운 분수의 개념: 전체를 4로 똑같이 나눈 것 중의 3을 $\frac{3}{4}$이라 쓰고, 사분의 삼이라고 읽는다.
공통의 성질 추상화하기 및 개념 도입하기	• 세상의 모든 $\frac{3}{4}$ 찾기 - 피자를 4등분한 것 중에서 3조각을 분수로 표현하면 무엇인가? - $\frac{3}{4}$과 같은 것은 어떤 것인가? 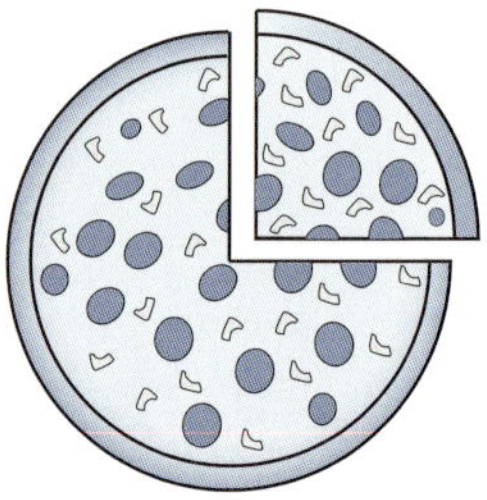

원리탐구단계	이렇게 지도하세요
공통의 성질 추상화하기 및 개념 도입하기	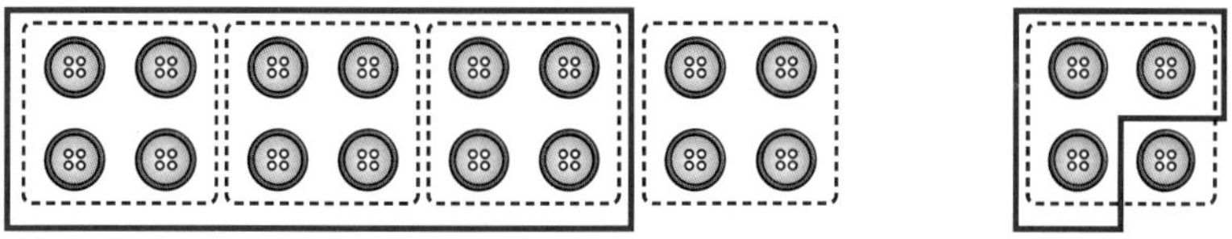 - 위의 그림을 분수로 표현할 때 어떤 공통점이 있는가? ※ 학생들이 분수를 표현하는 방법에 대한 공통된 특징을 찾을 수 있도록 다양한 예시를 제시한다. 이를 통해 분수는 전체의 부분으로 표시될 수 있음을 알도록 한다. ● 부분의 양을 전체의 양과 비교하여 분수로 나타내기
개념 익히기 -분수 놀이	● 선택 놀이 1) 볼링 놀이 ▶ **활동지 4-3)-(1)** - 친구와 볼링게임에서 맞춘 핀의 개수를 적어보도록 한다. - 자신이 맞춘 볼링핀의 개수가 전체 중 몇 개 인지 분수로 나타내 본다. - 친구와 내가 맞춘 볼링핀을 비교해본다. ※ 볼링게임을 하면서 스스로 분수를 만들어 보며, 분수의 개념을 익히도록 한다. 볼링게임을 하기 전에 자신이 맞출 수 있는 볼링핀의 예상 개수를 분수카드로 선택해 보고 결과와 비교하는 등 다양하게 재미를 줄 수 있다. ● 선택 놀이 2) 고리 던지기 놀이 - 고리 던지기를 통하여 자신이 던진 개수에서 고리에 넣은 개수를 분수로 표현하는 활동을 한다. ※ 학생들이 던지는 개수는 자유롭게 선택하여 다양한 답이 나올 수 있도록 한다. ● 선택 놀이 3) 카드 뒤집기 놀이 - 정해진 시간 내에 자신의 카드색깔이 많이 보이게 상대방 색깔 카드를 뒤집는다. 자신의 카드 개수가 몇 개인지 세어 분수로 나타내는 활동을 한다.

변신의 달인

분수야, 놀자!

학년	반	번
이름		

※ 놀이 속에서 분수를 찾아보자.

볼 링 놀 이

1. 스트레스가 팡팡~! 신나게 볼링핀을 맞춰보자.

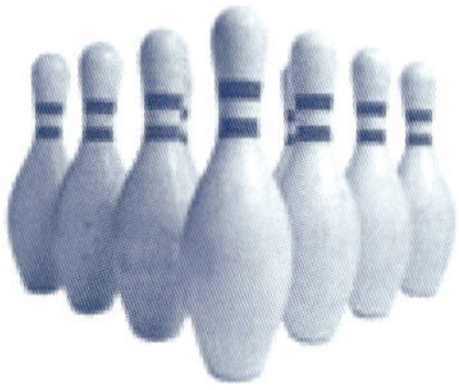

이 름	예상 개수	맞춘 개수	(전체 중 맞춘 개수) 분수로 나타내기
나수학	9	7	$\frac{7}{10}$
박원리	10	8	$\frac{8}{10}$

2. 볼링놀이에서 가장 많이 맞춘 친구와 자신의 기록을 비교해 보자.

친구가 맞춘 개수	분수로 나타내기	내가 맞춘 개수	분수로 나타내기
8	$\frac{8}{10}$	7	$\frac{7}{10}$

고리 던지기 놀이

던진 개수	끼운 개수	(전체 중 끼운 개수) 분수로 나타내기
10	6	$\frac{6}{10}$

카드 빨리 뒤집기

★ 놀이 방법 ★

<준비물> 색깔카드 100장 : 양면(빨강/파랑)

<놀이방법>

① 모둠별로 카드색깔을 정한다.
② 정해진 시간 내에 자신의 카드색깔이 많이 보이게 상대방 색깔카드를 뒤집는다.
③ 자신의 팀 카드가 몇 장인지 세어 본다.
④ 분수로 나타낸다.

자신의 팀 카드 개수	상대방 팀 카드 개수	전체카드 중 자신의 카드 개수는 얼마인지 분수로 나타내기	전체카드 중 상대의 카드 개수는 얼마인지 분수로 나타내기
57	43	$\frac{57}{100}$	$\frac{43}{100}$

변신의 달인

4－3)－(2)

소수야, 놀자!

학습주제 소수로 나타내기 및 소수의 자릿값 알기

학습목표 소수 두 자리 수의 자릿값과 숫자를 알고, 소수로 나타낼 수 있다.

교수모형 문제 해결 수업 모형

준 비 물 십자수 도안, 모눈종이, 색연필, 투명종이

활용매체 교수용S/W

원리탐구단계	이렇게 지도하세요
문제를 이해하기	• '곰돌이 푸우'에 숨겨진 '소수' 찾기 · 3학년 때 배웠던 소수의 정의를 생각해보도록 한다. ☞ 분수 $\frac{1}{10}$ 을 소수로 0.1이라 쓰고, 영점 일이라고 읽는다. 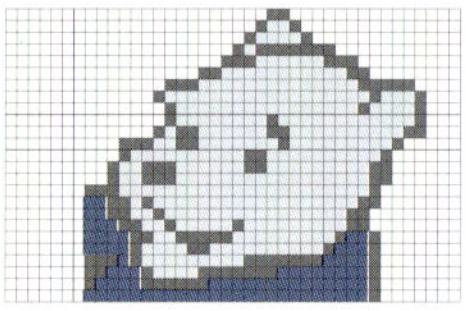
해결 계획을 수립하기	• 소수로 나타내기(해결 계획 수립을 위한 안내) ▶ **활동지 4-3)-(2)-①** · 십자수 도안에 나타난 소수를 찾기 위해 소수에 대해 익힌다. · 모눈종이 100칸에서 한 칸은 전체의 얼마를 나타낼까? ☞ 100으로 나눈 작은 모눈 한 칸은 전체의 $\frac{1}{100}$ 이고, 분수 $\frac{1}{100}$ 을 소수로 0.01이라 쓰고, 영점 영일이라고 읽는다. · 모눈종이 100칸에서 35 칸은 전체의 얼마인지 분수와 소수로 나타낸다. • 모둠별 토의를 거쳐 해결 계획 세우기
해결 계획을 실행하기	• 소수 놀이를 통해 해결 계획을 실행하기 · 모둠별로 필요한 소수 놀이를 선택하여 활동하도록 한다. ※ 소수놀이는 준비놀이 → 필수놀이 → 심화놀이 단계별로 선택할 수 있는데, 필수놀이를 제외한 다른 활동은 건너뛰거나 생략해도 된다.

원리탐구단계	이렇게 지도하세요
해결 계획을 실행하기	● 준비놀이) 카드 빨리 뒤집기 • 100개의 카드는 모두 양면(빨강/파랑)으로 이뤄진 것으로 정해진 시간 내에 카드를 뒤집어 자신이 속한 모둠의 점수를 소수로 표현한다. ※ 학생들이 승부에 연연하기 보다 소수를 정확하게 만들고 원리를 이해하는 데 초점을 맞춘다.
	● 필수놀이2) 십자수 속의 수학원리 • 소수 찾기 • 십자수 '곰돌이 푸우' 도안을 보면서 소수의 원리를 찾는다. ※ 십자수 도안의 모눈종이 칸의 개수는 모두 1000개로 수를 놓는 부분을 소수로 표현할 수 있음을 학생들이 직접 찾아보도록 한다. ● 심화놀이3) 투명종이에 꾸미기 ▶ **활동지 4-3)-(2)-②** • 100칸에 정해진 소수만큼 다양하게 색칠하여 유리장식 작품을 멋지게 꾸민다.
반성하기	● 찾은 소수 발표하기 • '곰돌이 푸우'속에서 찾은 소수를 발표하고, 답을 확인하도록 한다.

변신의 달인

4-3)-(2)-❶

소수야, 놀자!

학년 반 번

이름

※ 십자수 속에 담긴 수학 원리를 찾아라!

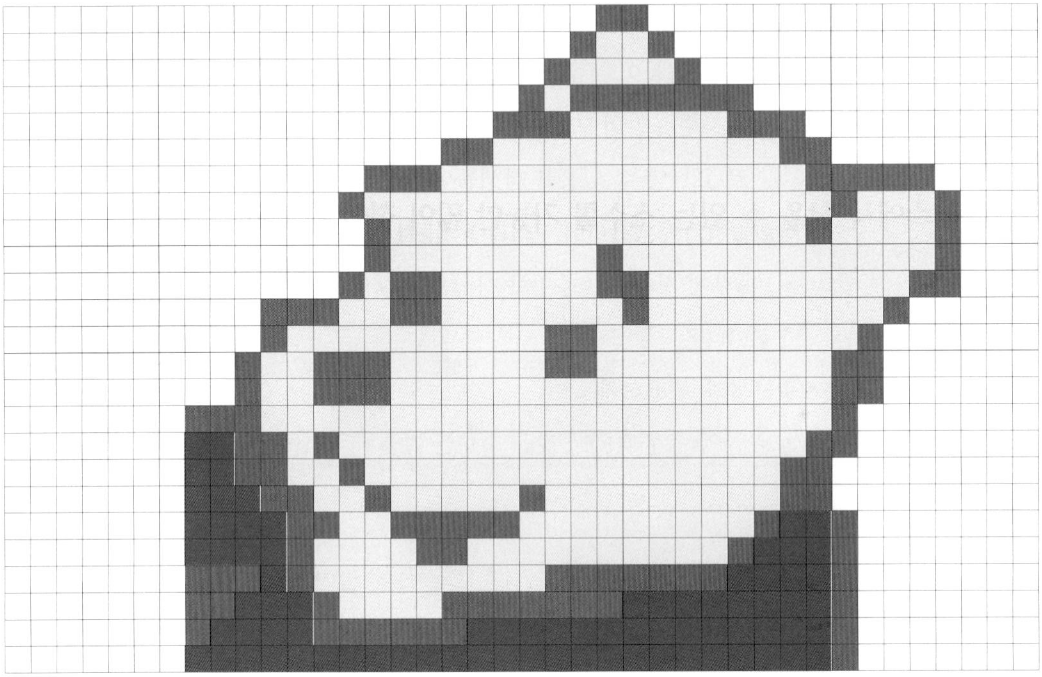

1. 십자수를 만들기 위한 도안이다. 총 몇 칸으로 이뤄졌는지 써보자.

40칸 × 25줄 = 1000칸

2. 십자수 '곰돌이 푸'를 완성하기 위해 몇 칸을 수를 놓아야 하는지 써보자.

521칸

3. 십자수 '곰돌이 푸' 그림을 살펴보면서 어떤 수학 원리가 담겨있는지 생각해 보자.

- 전체 칸 중 521칸의 그림은 $\frac{521}{1000}$로 나타낼 수 있고,
  분모가 10,100,1000…인 분수는 소수로 나타낼 수 있습니다.
- 전체가 1000칸이기 때문에 한 칸은 0.001, 두 칸은 0.002…
  이런 식으로 나타낼 수 있습니다(소수의 덧셈 활용 가능).

4. 그림 속에서 찾을 수 있는 소수를 가능한 많이 찾아 써보자.

- 푸우의 두 눈 : 0.004 + 0.004 = 0.008
- 푸우의 코 : 0.006
- 푸우의 입 : 0.011

4-3)-(2)-❷

소수야, 놀자!

학년 반 번

이름

※ 나만의 멋진 십자수 도안 만들기

소수 0.24를 이용하여 자신만의 멋진 십자수 도안을 완성해 보자.

1. 제목은 무엇인가요?

내 얼굴

2. 소수 0.24를 만들기 위해서 1000칸 중 몇 개를 채워야 하나요?

240칸

3. 십자수 도안의 다양한 예입니다.

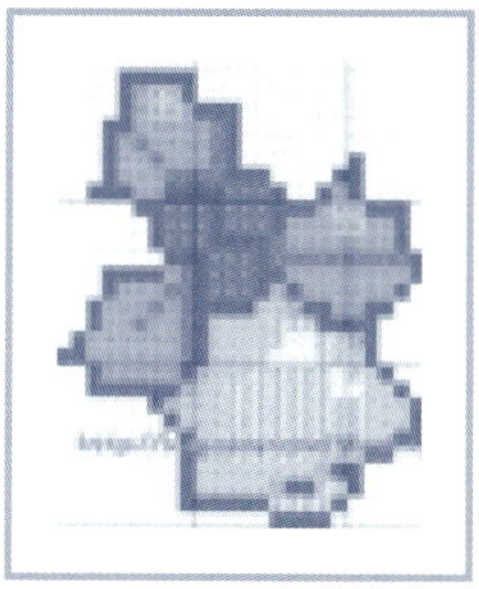
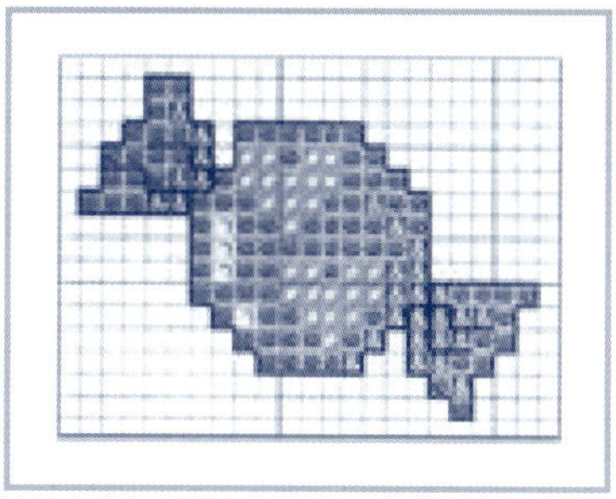

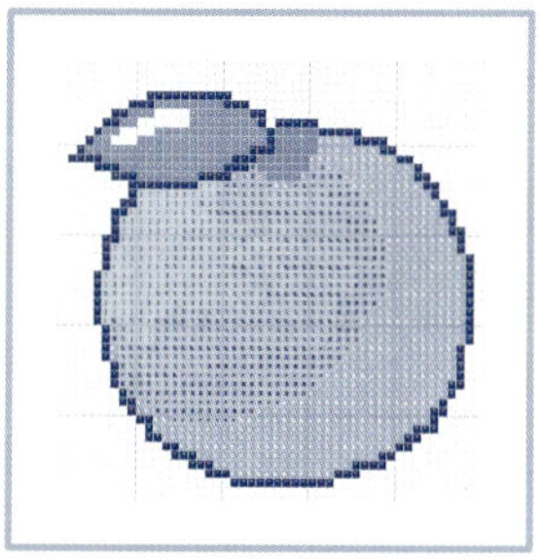
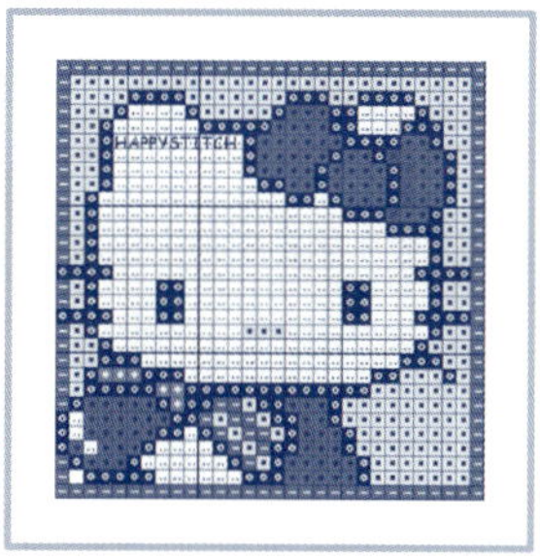
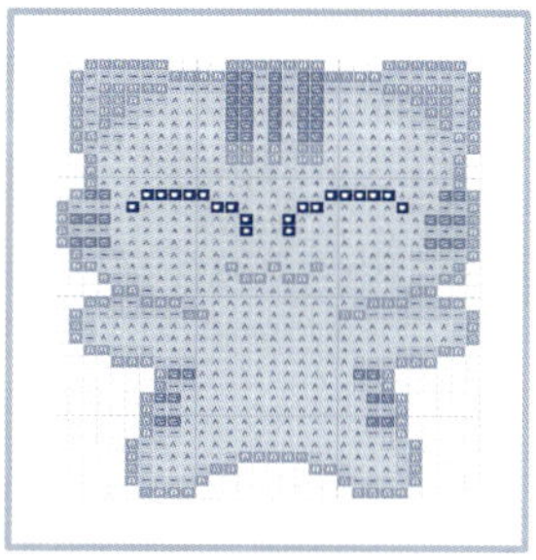

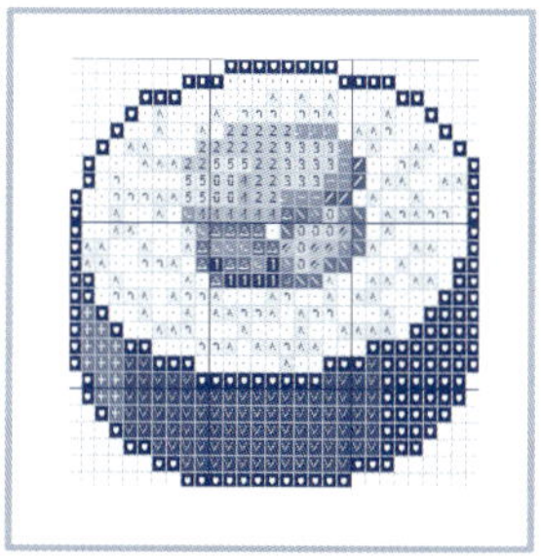
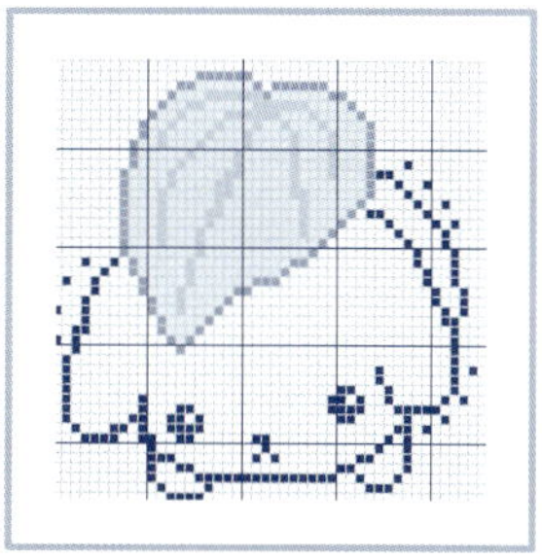

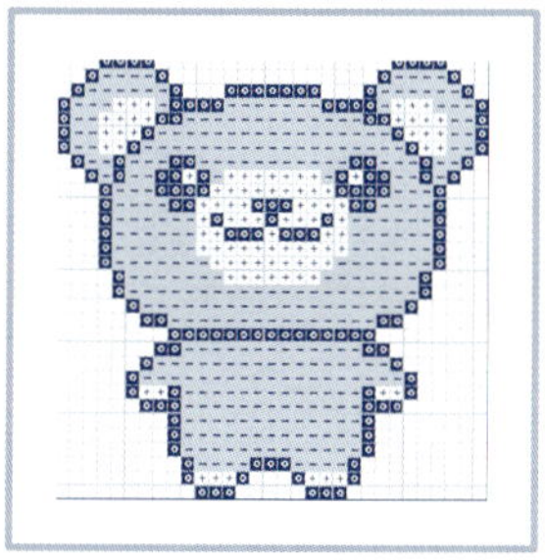
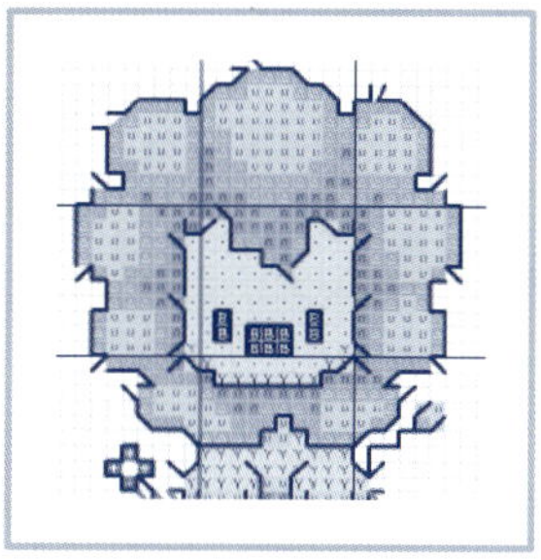
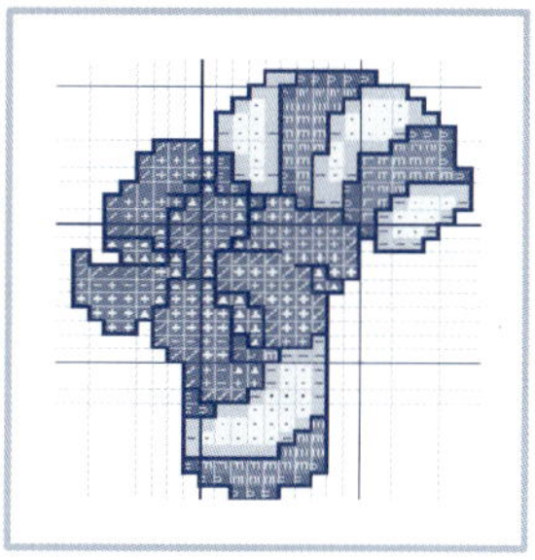

Part III

수학 원리 탐구 프로그램 활동지

3학년 활동지

도형의 변신

학년 반 번

이름

※ 다음은 어떻게 만들어진 무늬일까?

〈방법〉

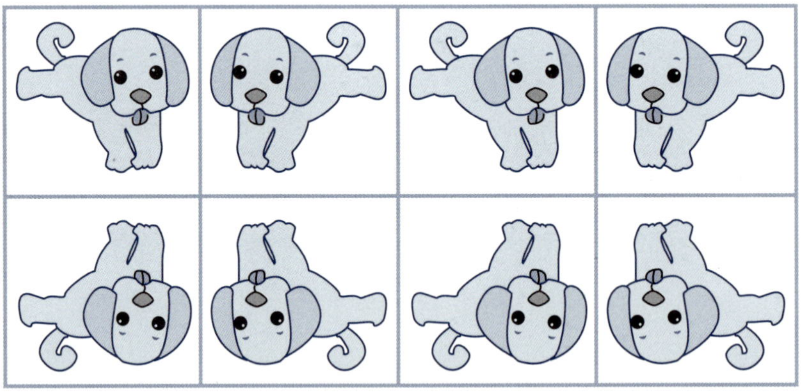

〈방법〉

※ 펜토미노로 무늬를 만들려고 한다. 어떤 무늬가 만들어지는지 알아보자.

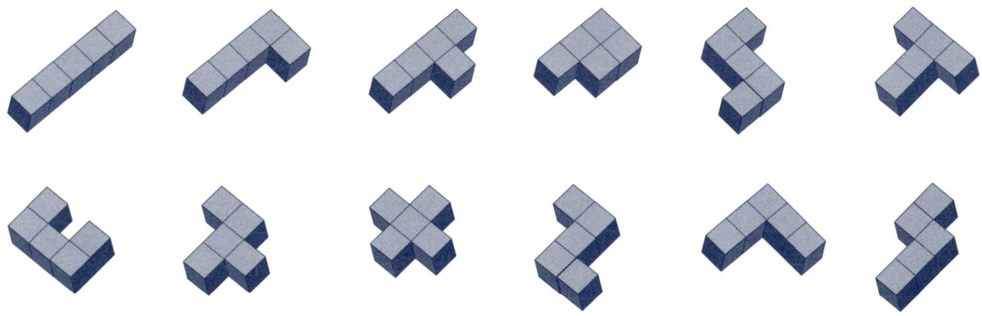

1) 다음 도형을 지시에 따라 이동해 보자.

(아래쪽으로 한 칸 밀기) (위쪽으로 뒤집기)

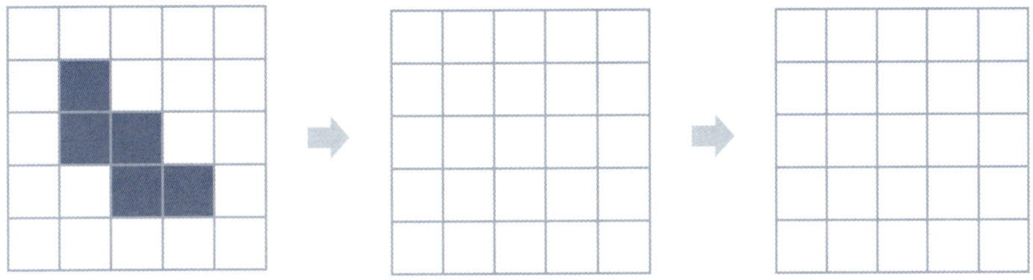

(오른쪽으로 뒤집기) (왼쪽으로 90° 돌리기)

2) 다음은 도형을 어떻게 움직였는지 방법을 생각해 보자.

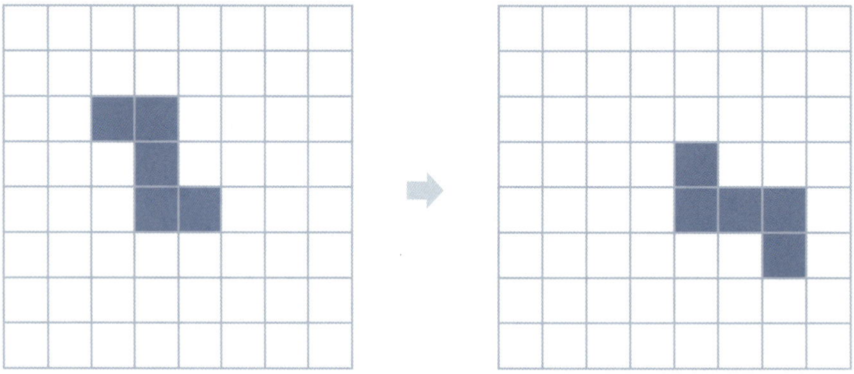

〈방법〉

※ **펜토미노를 이용하여 '둘이서 한마음' 놀이를 해보자.**

★ 놀이 방법 ★

1. 두 사람이 같은 펜토미노 도형을 놀이판의 같은 자리에 놓는다.
2. 가림판으로 가려 서로의 놀이판을 볼 수 없게 한다.
3. 한 사람이 밀기, 뒤집기, 돌리기의 방법으로 문제를 내며 펜토미노를 움직인다.
4. 다른 사람의 문제에 따라 펜토미노를 움직인다.
5. 가림판을 치우고 펜토미노가 똑같이 놓였으면 짝의 칸에 ○표 한다.
6. 번갈아가며 놀이한다.

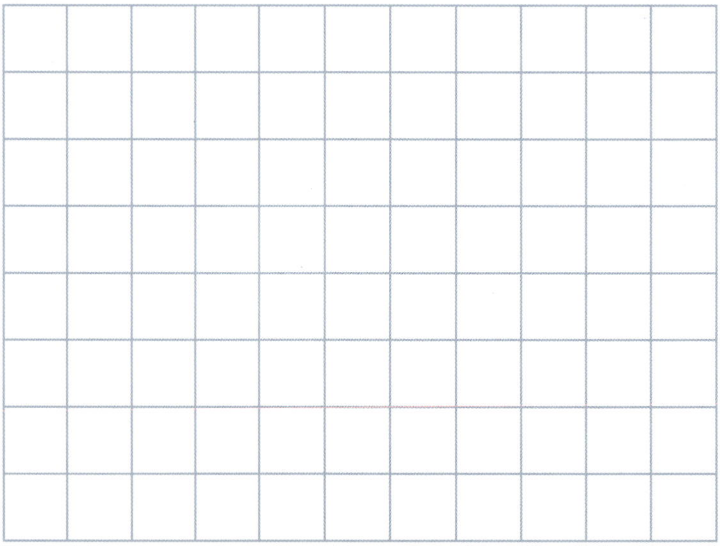

펜토미노
(복사해서 사용하세요)

3 – 1) – (2)

에셔의 도마뱀 농장

도마뱀 농장 따라잡기

학년 반 번

이름

※ 에셔의 작품 '도마뱀' 속에 담긴 도형의 움직임을 찾고, 함께 '도마뱀 농장'을 만들어 보도록 하자.

1. 에셔의 '도마뱀' 작품을 보고 만든 아래의 작품의 도형 이동 원리를 찾아보자.

2. 하드보드지를 이용하여 '도마뱀 농장'을 만들어 보자.

① 정육각형에 다음과 같이 그림을 그린다.

② 선을 따라 자른 뒤, 다음과 같이 도마뱀 본을 만든다.

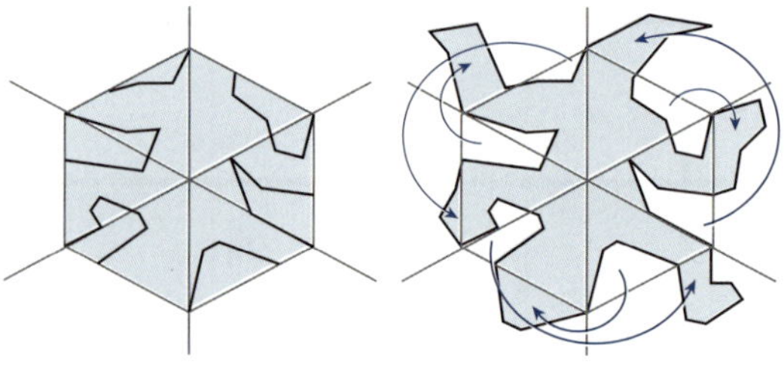

③ 도마뱀 본을 이용해 여러 개의 도마뱀을 만들어 퍼즐처럼 빈 공간없이 연결한다.

도마뱀 본

(복사해서 사용하세요)

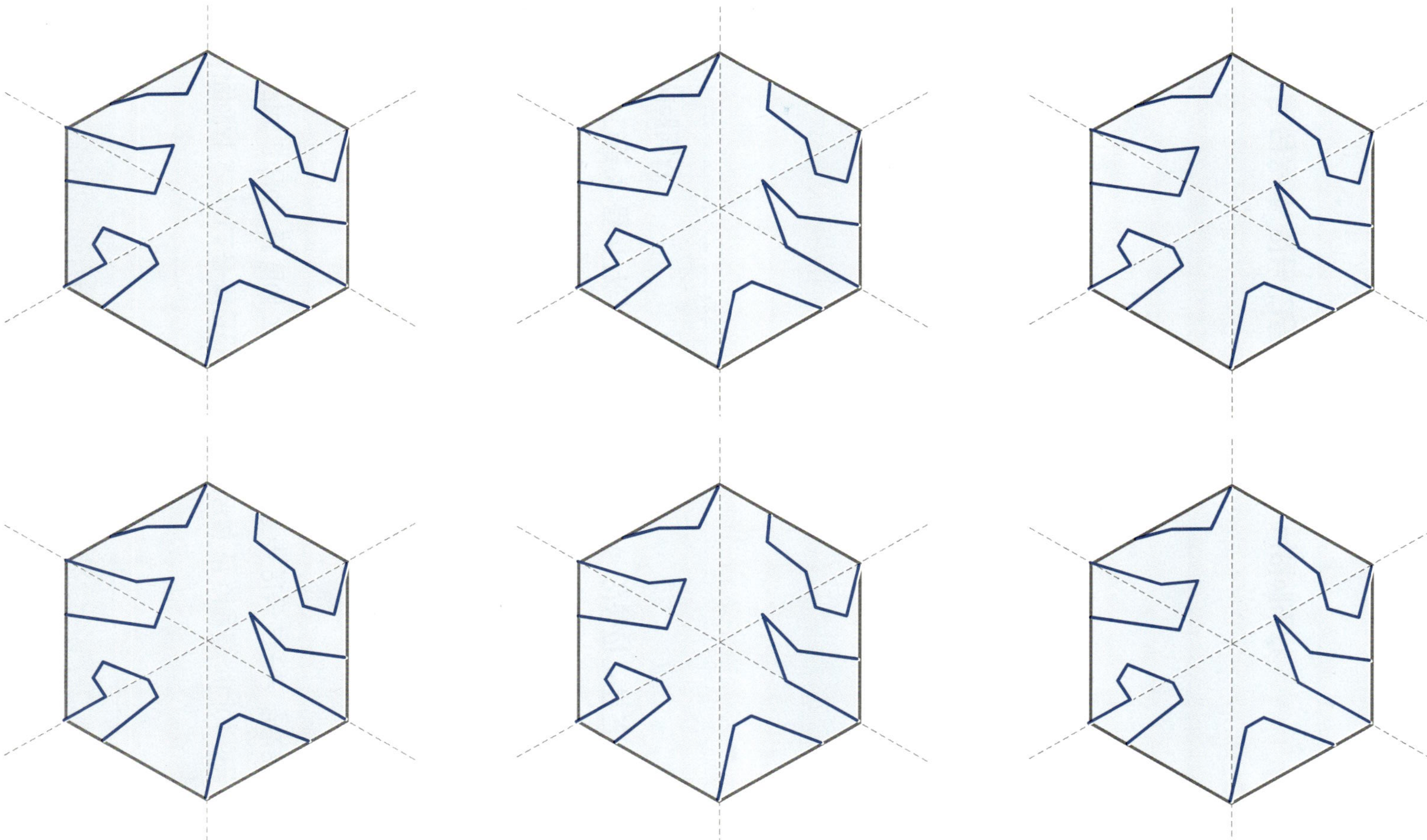

신나는 들이여행

3 – 2) – (1)

어린 왕자의 선택

학년 반 번

이름

※ 어린왕자는 사막에서 오아시스를 발견한다. 친구인 여우와 먼 여행을 떠나야 하는 어린왕자는 물을 담아가려고 한다. 한 번에 가장 많은 물을 담을 수 있는 그릇은 무엇일까?

1. 필요한 도구를 정해보자.

2. 어떤 방법으로 그릇에 들어가는 물의 양을 비교할 수 있을까? 글로 써보고, 그림으로 표현해보자.

3. 가장 많은 양을 담을 수 있는 그릇부터 순서대로 나열해보자.

3 – 2) – (2)

신나는 들이여행

우리는 음악가 -유리컵 합주-

학년 반 번
이름

※ 들이 단위를 이용하면 유리컵들도 멋진 악기로 탄생할 수 있다. 친구들 모두 유리컵 8개에 물의 양을 조절하며 가장 멋진 소리를 찾아보자. 아름다운 화음의 비결은 친구들이 같은 소리가 날 수 있도록 같은 양의 물을 넣는 것이다.

1. 준비물을 알아보자.

비이커(mL), 1인당 유리컵 8개, 물, 실로폰 채

2. 비이커를 이용해 다음 들이를 재어보자.

3. 악기를 모두 완성했으면 8개의 유리컵에 물을 각각 얼마나 넣었는지 알아보자.

4. 한 사람당 유리컵 연주를 위해 필요한 물의 양은 얼마인가?

곱셈 탐험하기

3-3)-(1)- ❶

걸리버의 곱셈 여행기

학년　　반　　번

이름

※ 옛날 사람들은 곱셈을 어떻게 했을까? 자신이 선택한 방법을 찾아 실제 곱셈을 해보자.

고대 이집트의 곱셈 방법

곱하는 수를 2배하여 계산하였다. 15×5를 계산할 때, 5의 2배, 4배, 8배, 16배가 되는 수를 써 놓고, 곱해지는 수 15가 되는 경우를 몇 배의 합으로 찾아낸다. 1+2+4+8=15이므로, 5의 1배, 2배, 4배, 8배한 수를 더하면 15×5의 값을 계산할 수 있다.

<보기 1>

	15	× 5
∨	1	5
∨	2	10
∨	4	20
∨	8	40

5+10+20+40=75
따라서 15×5=75

<보기2>

	19	× 4
∨	1	4
∨	2	8
	4	16
	8	32
∨	16	64

4+8+64=76
따라서 19×4=76

1) 편리한 점은 무엇인지 생각해보자.

2) 불편한 점은 무엇인지 생각해보자.

러시아 농부들의 곱셈 방법

다음과 같은 순서로 곱셈을 하였다.

① 왼쪽 수는 반씩 줄어든다.

② 왼쪽 수가 홀수일 경우 1을 뺀 다음 2로 나눈다.
〈예 : 15이면 (15-1)÷2=7〉

③ 오른쪽 수는 2배씩 늘어난다.

④ 왼쪽 수가 1이 될 때까지 기록한 후, 왼쪽 수에서 홀수만 찾아 ∨ 표시한다.

⑤ ∨표시 한 곳의 오른쪽 수를 더하여 곱을 구한다.

〈보기 1〉

	15	× 5
∨	15	5
∨	7	10
∨	3	20
∨	1	40

5+10+20+40=75
따라서 15×5=75

〈보기2〉

	19	× 4
∨	19	4
∨	9	8
	4	16
	2	32
∨	1	64

4+8+64=76
따라서 19×4=76

1) 편리한 점은 무엇인지 생각해보자.

2) 불편한 점은 무엇인지 생각해보자.

곱셈 탐험하기

3-3)-(1)- ❷

걸리버의 곱셈 여행기

학년 반 번

이름

인도의 곱셈 방법

인도의 곱셈은 격자곱셈 또는 창살 셈이라고도 한다.

곱셈문제는 위쪽과 오른쪽에 나누어 쓰고, 각 자리수마다 곱을 한 후 격자표에 십의 자리와 일의 자리 숫자로 분리해서 쓴다. 그런 후 상우와 좌하의 대각선 방향으로 합해서 그 칸 바로 밑쪽과 옆쪽에 합을 써나간다. 곱은 좌상부터 하우방향으로 차례대로 쓰면 된다. 대각선 방향으로 합했을 때, 10이 넘으면 10을 그 다음 합에 가서 1로 합한다. 즉 자리수로 올려가며 덧셈을 해야 한다.

76 × 98 = 7448

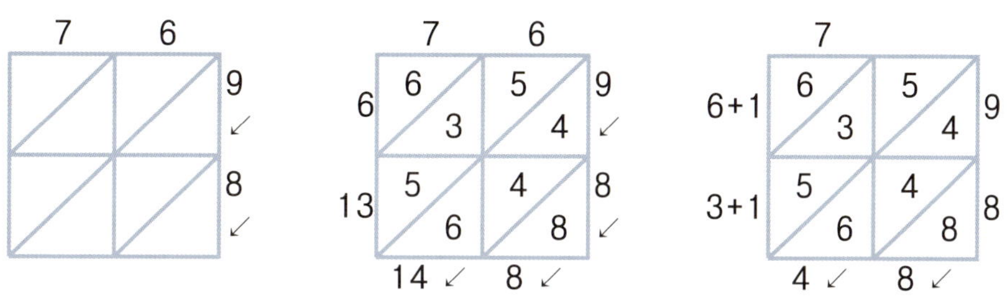

1) 위의 인도의 곱셈 방법을 이용하여 (63×17) 문제를 풀어보도록 하자.

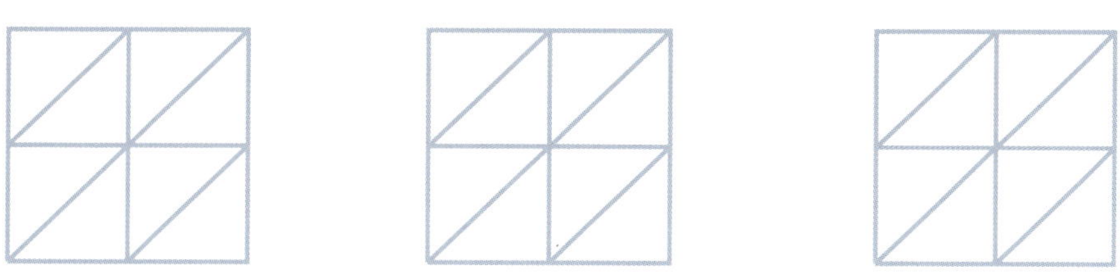

63 × 17 =

1) 편리한 점은 무엇인지 생각해보자.

2) 불편한 점은 무엇인지 생각해보자.

21 × 12 계산하기

수 모형, 모눈종이 등을 활용하여 나만의 곱셈 방법을 찾아보자.

곱셈 탐험하기

3-3)-(2)

아름다운 곱셈의 규칙

학년 반 번

이름

※ 곱셈으로 만들어지는 신기한 수의 마술을 살펴보자. 어떤 비밀이 숨어 있을까? 잘 살펴보고 숨어있는 규칙들을 찾아보자.

1111… 과 1111… 의 곱입니다. □ 안에 알맞은 수를 써 넣어보자.
어떤 비밀이 숨어있을까?

1 × 1 = □

11 × 11 = □□□

111 × 111 = □□□□□

1111 × 1111 = □□□□□□□

11111 × 11111 = □□□□□□□□□

제목을 지어주세요!

숨어있는 비밀, 그 원리를 찾아라!

4학년 활동지

꿀벌은 멋진 건축가

4-1)-(1)

나는 이름이 필요해

학년 반 번

이름

※ 다음 도형들을 분류하고, 이름을 지어보자.

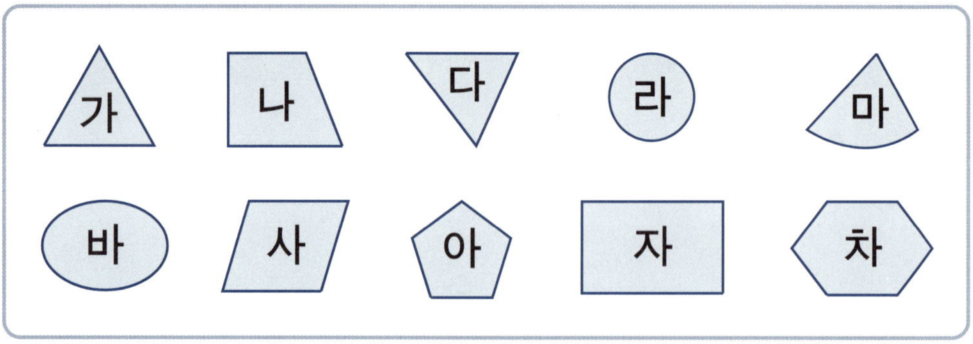

1. 다음을 자신만의 기준을 세워 분류해 보자.

2. 이름을 붙여보자.

가	나	다	라	마

바	사	아	자	차

3. 칠교로 다음과 같은 도형을 만들어 보고, 이름을 붙여보자.

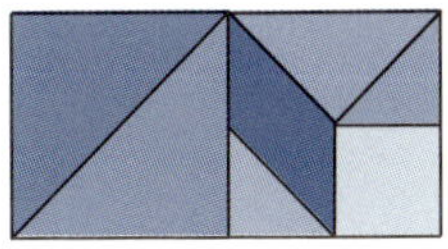
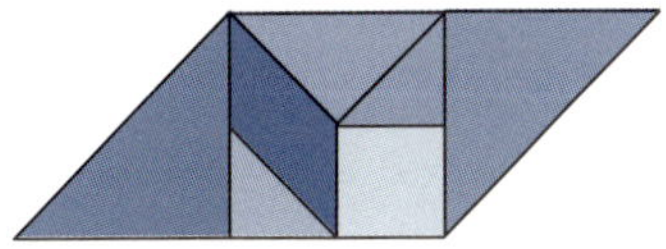

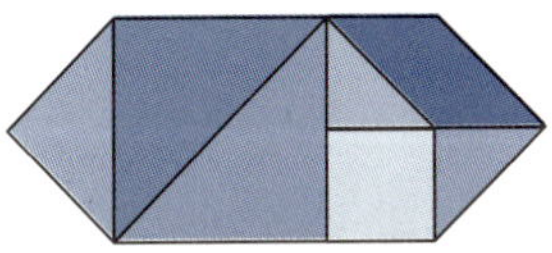
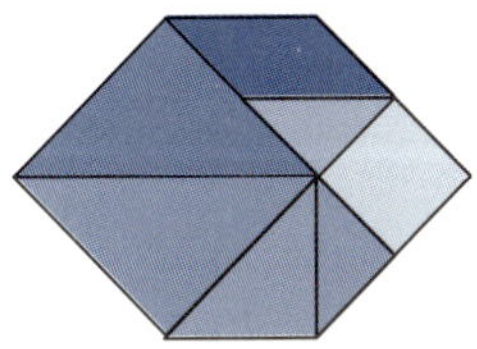

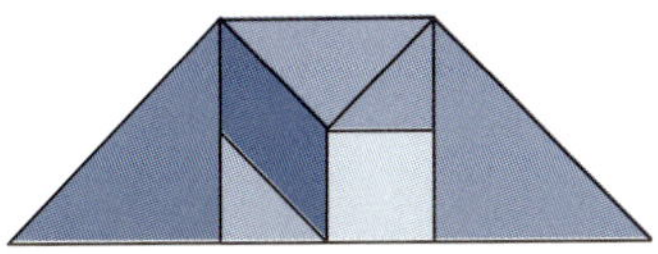
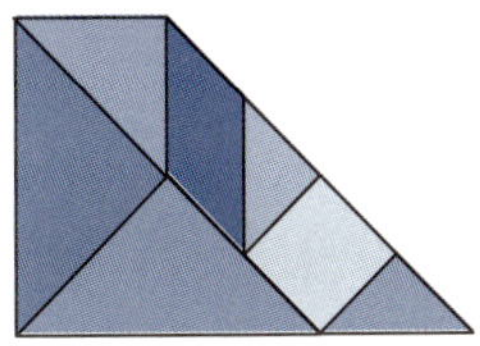

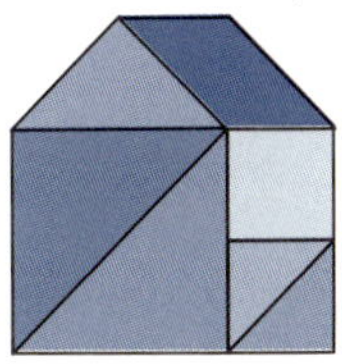
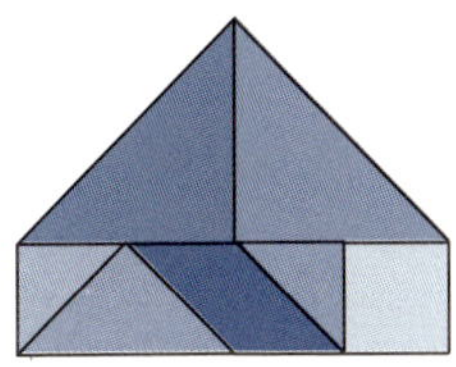

4-1)-(2)

정육각형의 비밀

학년 반 번

이름

※ 꿀벌은 왜 정육각형의 집을 짓는 것일까?

http://blog.naver.com/phoenixx0310?Redirect=Log&logNo=60042495216

부지런한 동물을 꼽으라면 꿀벌이 빠지지 않는다. 여왕벌로 태어나면 알을 낳는 일로, 일벌로 태어나면 이 꽃 저 꽃을 날아다니며 꿀을 따오는 일을 하거나 알을 돌보는 일로 평생을 보낸다.

꿀벌은 부지런할 뿐 아니라 굉장한 건축가이기도 하다. 꿀벌의 집을 들여다보면 정육각형 모양의 작은 방들로 빼곡히 메워져 있는데 그 빼어난 솜씨에 감탄하지 않을 수 없다.

1. 정육각형의 특성을 알아보도록 하자.

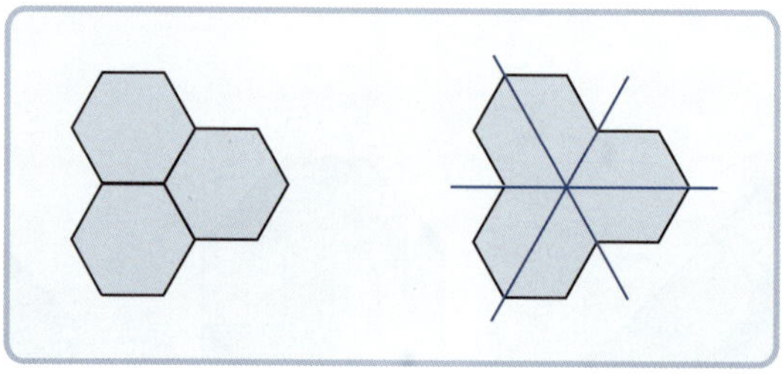

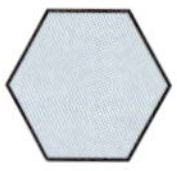 은 1입니다. 이때 하나의  은 $\frac{\square}{\square}$ 이고,

네 개의  은 $\frac{\square}{\square}$ 입니다.

2. 패턴블록을 이용하여 평면을 채워보도록 하자.

1) 평면을 빈틈없이 채울 수 있는 것은 어떤 도형인가?

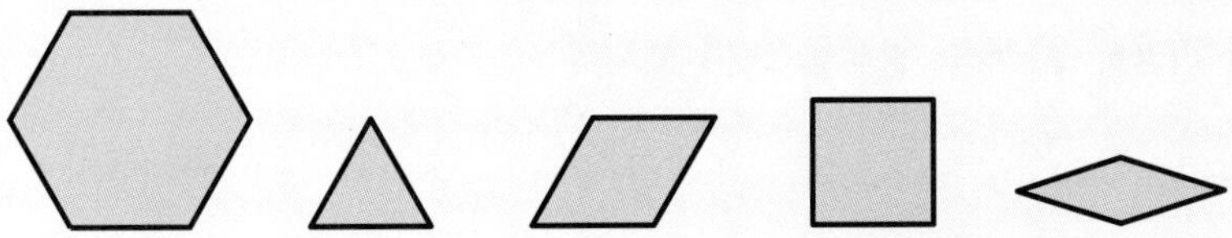

( )　( )　( )　( )　( )

2) 평면을 빈틈없이 채울 수 있는 도형들로 벌집을 만든다면 어떤 특징이 있을지 생각해 보자.

도형이름	장점	단점

3. 훌륭한 건축가인 꿀벌은 왜 정육각형의 벌집을 만드는지 그 이유를 써보자.

큰 수, 무한도전

4-2)-(1)

열 배의 위력

학년　　반　　번

이름

※ 모형 돈을 이용해 열 배의 위력을 느껴 보자.

1. 100원에 10배를 거듭 곱할수록 금액은 어떻게 변할지 알아보자.

100원					

10배　10배　10배　10배　10배

2. 다음 그림을 보고, 모두 얼마인지 알아보자.

(1) 모두 얼마인가?　　　　(　　　　　　　)원

(2) 왜 그렇게 생각하는지 써보자.

3. 영희는 은행에서 63274원을 찾으려고 한다. 숫자와 수를 알아보자.

〈찾으실 돈〉

	만	천	백	십	일
₩	6	3	2	7	4

예금주 : 이영희

(1) 6은 만의 자리의 숫자이고, ______ 을 나타낸다.

(2) ______ 은 천의 자리의 숫자이고, 3000을 나타낸다.

4. 행복은행에서 개설한 자신의 통장에 모형 돈을 이용하여 친구와 은행놀이를 해보자.

거래하신 내용 (예금 및 대출) 예금주:

차례	찾으신 금액	맡기신 금액	남은 금액
1			
2			
3			
4			
5			
6			
7			
8			

큰 수, 무한도전

4-2)-(2)

억! 소리나게 큰 수

학년 반 번

이름

★ 게임 방법 ★

<준비물> 숫자카드(0-9까지 각각 4장씩)

<놀이방법>

- 두 사람이 함께 놀이를 하도록 한다.
- 숫자 카드를 1장씩 번갈아가며 9장을 뽑는다.
- 자기가 뽑은 숫자 카드를 가지고 가장 큰 수를 만든다.
- 큰 수를 만든 사람이 이긴다.

1. 짝과 함께 위에 안내된 놀이 활동을 해보자.

(1) 자신과 짝이 뽑은 카드를 순서대로 빈 칸에 적어보자.

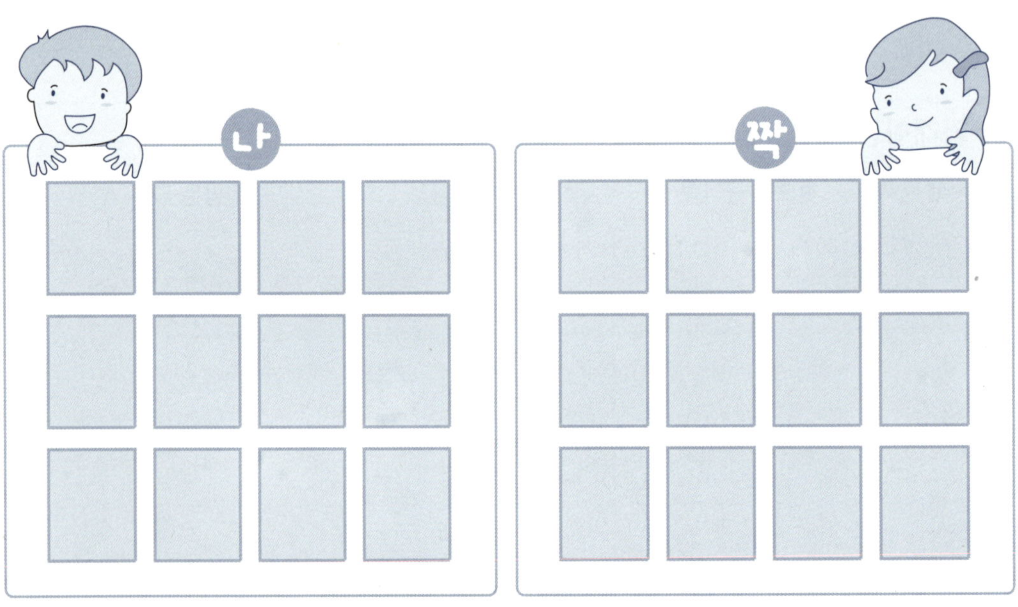

(2) 위에서 내가 뽑은 카드로 가장 큰 수를 만들어 써보고, 읽어보자.

( ) ➡ ( )

천	백	십	일	천	백	십	일	천	백	십	일	천	백	십	일
			조				억				만				일

(3) 짝이 만든 큰 수는 무엇인지 써보고, 읽어보자.

( ) ➡ ( )

천	백	십	일	천	백	십	일	천	백	십	일	천	백	십	일
			조				억				만				일

숫자카드

(복사해서 사용하세요)

0	1	2	3	4
5	6	7	8	9

변신의 달인

4-3)-(1)

분수야, 놀자!

학년 반 번

이름

※ 놀이 속에서 분수를 찾아보자!

볼 링 놀 이

1. 스트레스가 팡팡~! 신나게 볼링핀을 맞춰보자.

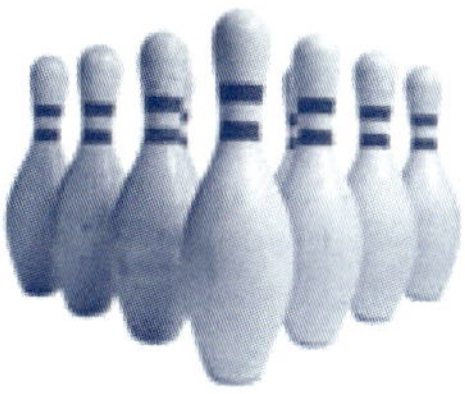

이 름	예상 개수	맞춘 개수	(전체 중 맞춘 개수) 분수로 나타내기

2. 볼링놀이에서 가장 많이 맞춘 친구와 자신의 기록을 비교해 보자.

친구가 맞춘 개수	분수로 나타내기	내가 맞춘 개수	분수로 나타내기

고리 던지기 놀이

던진 개수	끼운 개수	(전체 중 끼운 개수) 분수로 나타내기

카드 빨리 뒤집기

★ 놀이 방법 ★

<준비물> 색깔카드 100장 : 양면(빨강/파랑)

<놀이방법>

① 모둠별로 카드색깔을 정한다.
② 정해진 시간 내에 자신의 카드색깔이 많이 보이게 상대방 색깔카드를 뒤집는다.
③ 자신의 팀 카드가 몇 장인지 세어 본다.
④ 분수로 나타낸다.

자신의 팀 카드 개수	상대방 팀 카드 개수	전체카드 중 자신의 카드 개수는 얼마인지 분수로 나타내기	전체카드 중 상대의 카드 개수는 얼마인지 분수로 나타내기

변신의 달인

4-3)-(2)-❶

소수야, 놀자!

학년 반 번

이름

※ 십자수 속에 담긴 수학 원리를 찾아라!

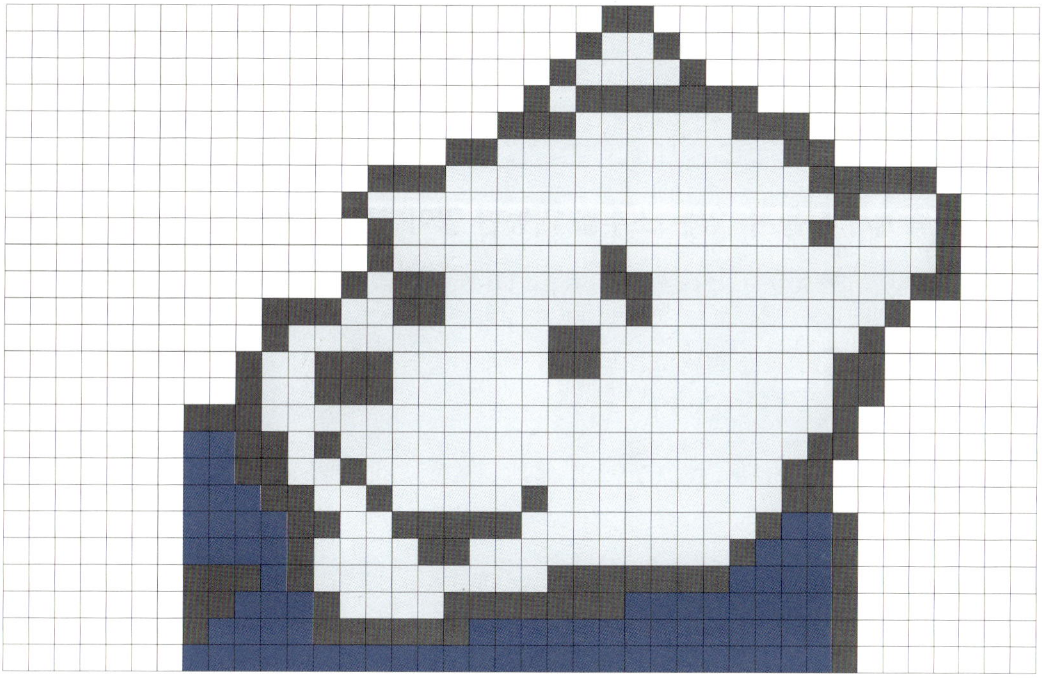

1. 십자수를 만들기 위한 도안이다. 총 몇 칸으로 이뤄졌는지 써보자.

2. 십자수 '곰돌이 푸'를 완성하기 위해 몇 칸을 수를 놓아야 하는지 써보자.

3. 십자수 '곰돌이 푸' 그림을 살펴보면서 어떤 수학 원리가 담겨있는지 생각해 보자.

4. 그림 속에서 찾을 수 있는 소수를 가능한 많이 찾아 써보자.

4-3)-(2)-❷

변신의 달인

소수야, 놀자!

학년 반 번

이름

※ 나만의 멋진 십자수 도안 만들기

소수 0.24를 이용하여 자신만의 멋진 십자수 도안을 완성해 보자.

1. 제목은 무엇인가요?

2. 소수 0.24를 만들기 위해서 1000칸 중 몇 개를 채워야 하나요?

3. 십자수 도안의 다양한 예입니다.

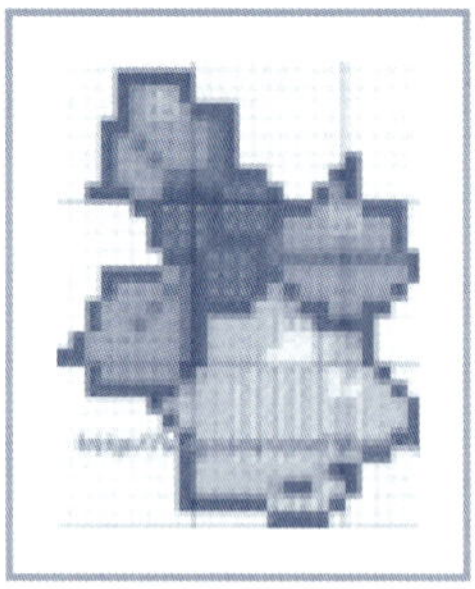

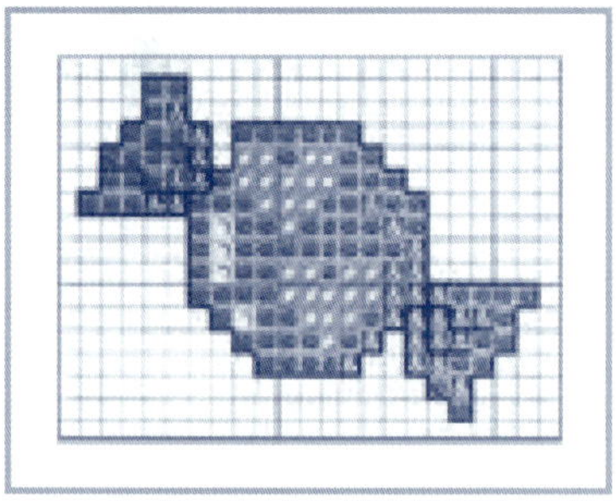

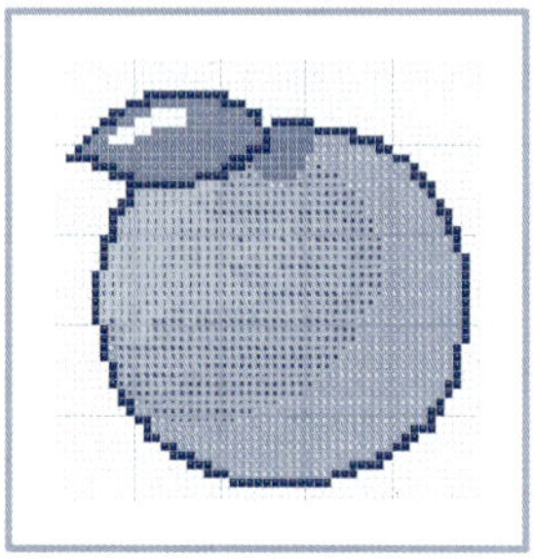

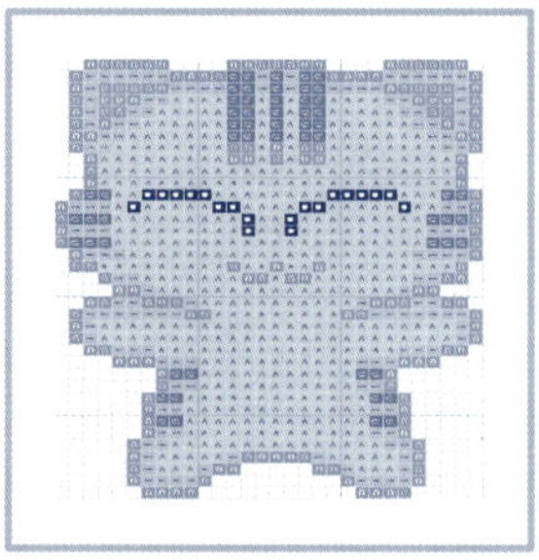

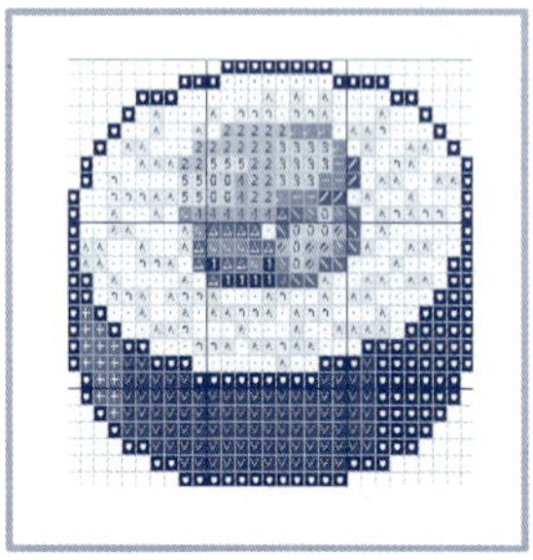

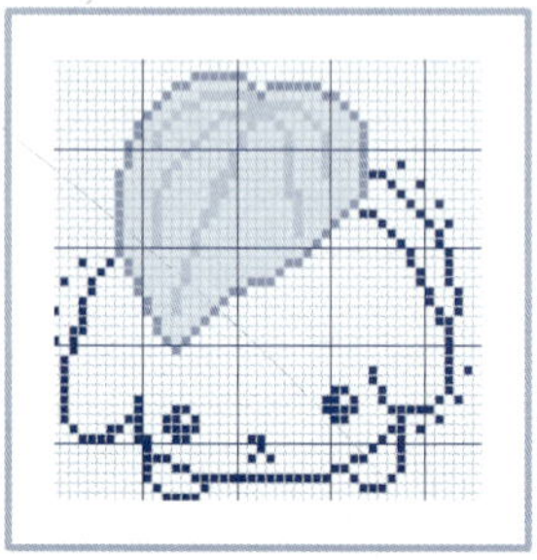

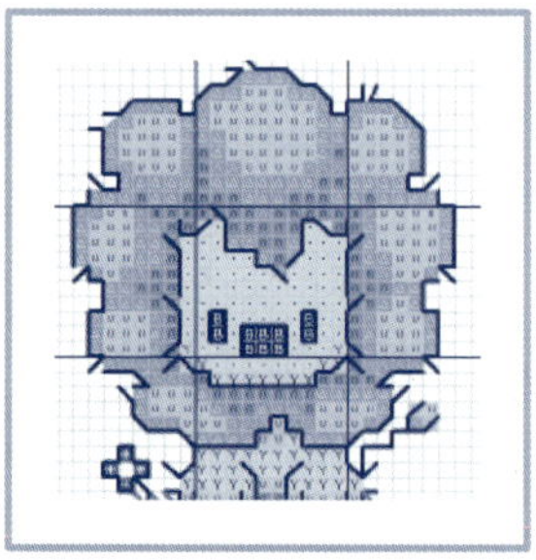

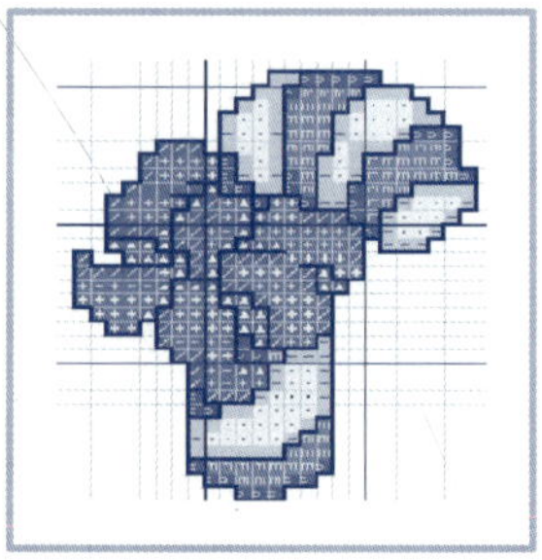

참고문헌

강미선(2005). 초등수학 놀이 BOOK. 서울: 김영사.

강미선(2005). 개념잡는 초등수학 사전. 서울: 김영사.

교육과학기술부(2009). 초등학교 교사용 지도서 수학 2-1. (주) 두산.

교육과학기술부(2009). 초등학교 교사용 지도서 수학 2-2. (주) 두산.

교육인적자원부(1999). 초등학교 교육과정 해설(IV)-수학, 과학, 실과. 서울: 대한교과서 주식회사.

교육인적자원부(2007). 초등학교 교육과정. 교육인적자원부.

권현직(2007). 재미있는 수학 이야기. 서울: (주)가나출판사.

김경자, 이경진, 유솔아(2005). 초등수학교육과정 개발의 실제. 서울: 교육과학사.

김민경, 홍지연, 김은경(2009). 수학적 모델링 사례 분석을 통한 초등 수학에서의 지도 방안 연구. 한국수학교육학회 학회지 시리즈 A 〈수학교육〉, 48(4), 365-385.

김영숙(2002). 수학체험반 활동자료(중등수학). 셈사랑연구회.

김용성(2000). 문제상황을 기초로 한 수학화 경험이 수학적 신념과 문제 해결력에 미치는 효과. 한국교원대학교 석사학위 논문.

김향숙 외 10명(2007). 문제중심 학습(PBL). 서울: 경문사.

다카하시세이치(2008). 초등인도 수학 1. 서울: 서울문화사.

다카하시세이치(2008). 초등인도 수학 2. 서울: 서울문화사.

루타 라이머, 윌버트 라이머(2007). 수학자도 사람이다 1. 서울: 이론과 실천.

루타 라이머, 윌버트 라이머(2007). 수학자도 사람이다 2. 서울: 이론과 실천.

마릴린 버스(2006). 천재들의 수학. 서울: 키다리.

박경미(2006). 수학콘서트. 서울: 동아시아.

박영훈(2007). 새로 쓰는 초등수학 교과서 시리즈(5권). 서울: 도서출판동녘.

배종수(2002). 생명을 살리는 수학. 서울: 삐에로 수학.
샤르탄 포스키트(1999). 수학이 또 수군수군. 서울: 김영사.
신수현(2007). 수학상점. 서울: 예림당.
안소정(2005). 생각이 확 열리는 생활수학. 서울: 동쪽나라.
안소정(2007). 오딧셈의 수학 대모험 시리즈(4권). 서울: 스콜라
안소정(2008). 꼬물꼬물 수학대모험. 서울: 뜨인돌 어린이.
야콥 펠럴만(2006). 살아있는 수학. 서울: 삐에로 써네스트.
이광연(2008). 수학의 역사. 서울: 살림출판사.
이다미(2008). 비교(단위편). 서울: 부즈펌 출판사.
이명옥(2005). 명화 속 신기한 수학 이야기. 서울: (주)시공사.
이시하라 기요타카(2007). 세상 밖으로 날아간 수학. 경기: 파란자전거.
이화여자대학교 사범대학 부속초등학교(2005). 학교교육과정 1학년. 서울: 학지사.
이화여자대학교 사범대학 부속초등학교(2005). 학교교육과정 2학년. 서울: 학지사.
이화여자대학교 사범대학 부속초등학교(2005). 학교교육과정 3학년. 서울: 학지사.
이화여자대학교 사범대학 부속초등학교(2005). 학교교육과정 4학년. 서울: 학지사.
이화여자대학교 사범대학 부속초등학교(2005). 학교교육과정 5학년. 서울: 학지사.
이화여자대학교 사범대학 부속초등학교(2005). 학교교육과정 6학년. 서울: 학지사.
조성실(2004). 즐거운 수학 시간 만들기. 서울: (주)우리교육.
조연순, 성진숙, 이혜주(2008). 창의성 교육. 서울: 이화여자대학교 출판사.
존 블랙우드(2006). 우리 주변의 수학. 서울: 섬돌 출판사.
죠지 G. 슈피로(2008). 수학의 사생활. 서울: 까치글방.
캐서린 셀드릭 로스(2002). 사각형. 서울: 비룡소.
캐서린 셀드릭 로스(2002). 삼각형. 서울: 비룡소.
캐서린 셀드릭 로스(2002). 원. 서울: 비룡소.
코라 리&길리언 오릴리(2007). 수학대소동. 서울: (주)다산북스.
크리스틴 달(2001). 우리 수학놀이하자. 서울: 김영사.
클라우디아 자슬라브스키(2005). 수학 IQ를 만드는 세계 어린이들의 놀이. 서울: 경문사.

Blitzer, R. (2000). *Thinking Mathematics*. Prentice Hall.

Doerr, H. M., & English, L. D. (2003). A modeling perspective on students' mathematical reasoning about data. *Journal for Research in Mathematics Education, 34*(2), pp.110-136.

Edwards, D., & Hamson, M. (1989). *Guide to mathematical modelling*. Boca Raton, FL: CRC Press.

English, L. D. (2003). Reconciling theory, research, and practice: A models and modelling perspective. *Educational Studies in Mathematics*, *54*, pp.225-248.

Freudenthal H. (1973). Mathematics as an education task. Dordrecht : Reidel

Greeno, J. G. (1991). Number sense as situated knowing in a conceptual domain. *Journal for Research in Mathematics Education*, *22*(3), pp.170-218.

Harcourt School (2006). *Harcourt Science Grade 1*. Harcourt.

Harcourt School (2006). *Harcourt Science Grade 1 Student Edition*. Harcourt.

Harcourt School (2006). *Harcourt Science Grade 2*. Harcourt.

Harcourt School (2006). *Harcourt Science Grade 2 Student Edition*. Harcourt

Harcourt School (2006). *Harcourt Science Grade 3*. Harcourt.

Harcourt School (2006). *Harcourt Science Grade 3 Student Edition*. Harcourt

Harcourt School (2006). *Harcourt Science Grade 4*. Harcourt

Harcourt School (2006). *Harcourt Science Grade 4 Student Edition*. Harcourt.

Harcourt School (2006). *Harcourt Science Grade 5*. Harcourt.

Harcourt School (2006). *Harcourt Science Grade 5 Student Edition*. Harcourt.

Harcourt School (2006). *Harcourt Science Grade 6. Harcourt.*

Harcourt School (2006). *Harcourt Science Grade 6 Student Edition*. Harcourt.

Lappen, G., Fey, J. T., Fitzgerald, W. M., Friel, S. N., & Phillips, E. D. (2004). *Connected Mathematics Grade 6*. Prentice Hall.

Lappen, G., Fey, J. T., Fitzgerald, W. M., Friel, S. N., & Phillips, E. D. (2004). *Connected Mathematics Grade 7*. Prentice Hall.

Lappen, G., Fey, J. T., Fitzgerald, W. M., Friel, S. N., & Phillips, E. D. (2004). *Connected*

Mathematics Grade 8. Prentice Hall.

Lesh, R., & Doerr, H. M. (2000). Symbolizing, communicating, and mathematizing: key components of models and modeling. In P. Cobb et al. (Eds.), *Symbolizing and Communicating in Mathematics Classrooms*. Lawrence Erlbaum Associates, Inc. pp.361-383.

Lesh, R. A., & Lehrer, R. (2003). Models and modelling perspectives on the development of students and teachers. *Mathematical Thinking and Learning*, *5*(2&3), pp.109-130.

National Council of Teachers of Mathematics (2000). *Principles and Standards for School Mathematics*. Reston, VA.

Niss, M. (1989). Aims and scope of application and modelling in mathematics curriculum. In Blum, W., Berry, J. S. et al. (Eds.), *Applications and Modeling in Learning and Teaching Mathematics*. Chichester, UK: Ellis Horwood Limited. pp.22-31.

Polya, G. (1957). *How to solve it: A new aspect of mathematical method*. Garden City: Doubleday.

Skemp, R. (1989). *Structured activities for primary mathematics: How to enjoy real mathematics*. London: Routledge.

찾아보기

김민경
이화여자대학교 수학과 (이학사)
이화여자대학교 교육대학원 수학교육전공 (교육학석사)
미국 Iowa State University Dept. of Curriculum & Instruction (Ph.D)
현재 이화여자대학교 초등교육과 교수

이효순
이화여자대학교 초등교육과 (문학사)
현재 서울동교초등학교 교사

김은경
이화여자대학교 초등교육과 (문학사)
현재 이화여자대학교 교육대학원 초등교육전공 석사과정
현재 서울송정초등학교 교사

수학 원리 탐구 ABC
- 초등학교 3 & 4학년 -

2009년 12월 15일 초판 인쇄
2009년 12월 24일 초판 발행

저 자 / 김민경 · 이효순 · 김은경
발행자 / 오판근
발행처 / 교우사

주 소 / 서울 동대문구 제기2동 148-19
전 화 / 925-2861(代), 편집부 / 925-2825
팩 스 / 925-2860
E-mail / kyowoo@kyowoo.co.kr
http://www.kyowoo.co.kr

등록 / 1994. 3. 24 제6-0256호

ISBN 978-89-8172-820-5 (94410)
978-89-8172-818-2 (세트)

값 10,000원